SQ選書
15

まちに暮らしの種子を蒔く

いま、この時代を生き抜くために

野本三吉
Nomoto Sankichi

社会評論社

2015年7月18日　小田実没後8年シンポジウムで講演する著者

小さなプロローグ

ぼくが個人誌『生活者』を発行したのは一九七二年五月五日のことであった。教師生活をやめ日本各地を旅する中で出会った哲学者、森信三さんとの関わりの中で、ぼくは月刊の個人通信を出すことに決めた。

日々の暮らしと出会いの中に、生きている現実とその本質があると感じ、生活の記録を続けることになったのである。

ぼくの仕事は、横浜の寿地区での生活相談員、児童相談所のケースワーカー、そして横浜市立大学の教員と変化したが、生活を記録する個人通信は休みなく続いてきた。

創刊から三十年目の二〇〇二年四月から、ぼくは生活の拠点を沖縄に変え、沖縄大学の教員としての生活が始まった。

沖縄の現実は重く厳しいもので、ぼくは個人通信を出すことができず中断することになった。

それまでの三十年間の個人通信は、社会評論社から合本としてまとめていただき、貴重な記録として残されることになった。

今でもこの合本（『野本三吉個人誌・生活者』社会評論社、二〇〇〇年）を読むと当時の生々しい記憶が一つ一つ蘇ってくる。

ぼくはこの通信の発行日を一九八〇年から「戦後〇年」と書くようになった。「戦後何年と数え続けるひとりひとりの会」の明良佐藤さんの生き方に共鳴したのだが、その思いには、もう二度と戦争をしてはならないという思いが込められていた。

この間も、沖縄での体験をまとめる作業は行われていた。それが『沖縄福祉の旅』（ボーダーインク、二〇〇五年）、『海と島の思想』（現代書館、二〇〇七年）、『沖縄子ども白書』（ボーダーインク、二〇一〇年）、『沖縄・戦後子ども生活史』（現代書館、二〇一〇年）の四冊の本としてまとまった。

そして、二〇一〇年の四月からぼくは思いもかけず沖縄大学の学長に選出され大学での業務に忙殺されることになった。

二〇一三年の改選期には再選されることになり、既に七十代になったぼくは、この年の五月五日から個人通信の再開をすることにしたのであった。タイトルは『暮らしのノート』、ユックリ書きたいと思い決意した。

この頃、ぼくには沖縄の暮らしの中でハッキリとつかめたものがあった。

それは「生きること、それがぼくの仕事だ」という確信のようなものだった。

ぼくら人間は、いつのまにか自分の意志によって自分以外の他者や環境を自由にコントロールできると考えるようになっていた。

しかし、環境一つにしても自由にコントロールすることはできないのが現実。

人間を含め、地球上で生きる全てのものは実際にはお互いに補い合い、支え合いながら行われている。それが現実なのだ。そのためには、生きる者同志が、お互いに理解し合い、語り合い聴き合っていくことが必要になってくる。

他者や環境の状況を理解することなく一方的に要求したり利用し、また排除したり、斬り捨てたりするのではなく、共に生きていくという関係をつくりあげていくことが基本だ。

実は、それが生きていくことだということが沖縄体験の中で、ぼくには納得できたのであった。

そう考えると未知の存在と出会うことはワクワクするほど楽しくなってくる。

他者に対して押しつけたり強制しなくても分かり合える関係こそ生きることの本質だと気づかされたのである。

生きるとは、こうした無数の出会いが結びつき融合しながらつくられていくのであった。

こうした思いに至った時、ぼくは過労もあって体調を崩し、学長の任期途中で退職をすることになった。

そして、それからの約一年余り、ぼくは沖縄の自然に染まりながら、ユックリと暮らすことになった。

この間、ぼくは『生きること、それがぼくの仕事』（社会評論社、二〇一四年）、『希望をつくる島・沖縄』（新宿書房、二〇一五年）という二冊の本をまとめることができた。

こうして二〇一六年、ぼくは一四年余りの沖縄生活を終えて、横浜の農村、田谷というまちに帰ってきたのであった。

まちに戻って、町内会（自治会）や老人クラブに参加し、小学校時代の同級生と会うなど、地域での暮らしを取り戻しつつ、ぼくは個人通信を続けてきた。

そして『公評』という月刊誌にも連載をさせてもらい、気付かされることが多かった。

約三年間にわたって書かせていただいた前半部を『〈繋がる力〉の手渡し方』（現代書館、二〇一七年）としてまとめさせていただき、後半部を今回、社会評論社より出版させていただくことになった。

地域で生きるという場合、ぼくらはどの範囲を地域と考えればよいか迷うことがある。

ぼくの考えでは歩いて日常的に出会える距離、これが生活圏なのではないかと思う。

もう少し具体的に言えば、小学校区がその範囲に当たるような気がする。

現代は少子高齢化社会となり、老々介護世帯も増え、人間関係の希薄化が進み孤立化がますます深刻化してきている。

また自然災害や放射能の不安も大きい。

こうした状況の中で、互いの生き方を尊重しつつ共に生き、暮らす社会をつくり出すことは可能なのか。

難しい問題は山積しているが、ぼく自身、小さなまちでまちの中に暮らしの根を張る生き方を始めたところである。

あちこちで、小さくとも暮らしづくりが始まり、つながり合っていく日を夢みている。

ジックリと読んでいただき、もし交流が始まればと期待している。

目次

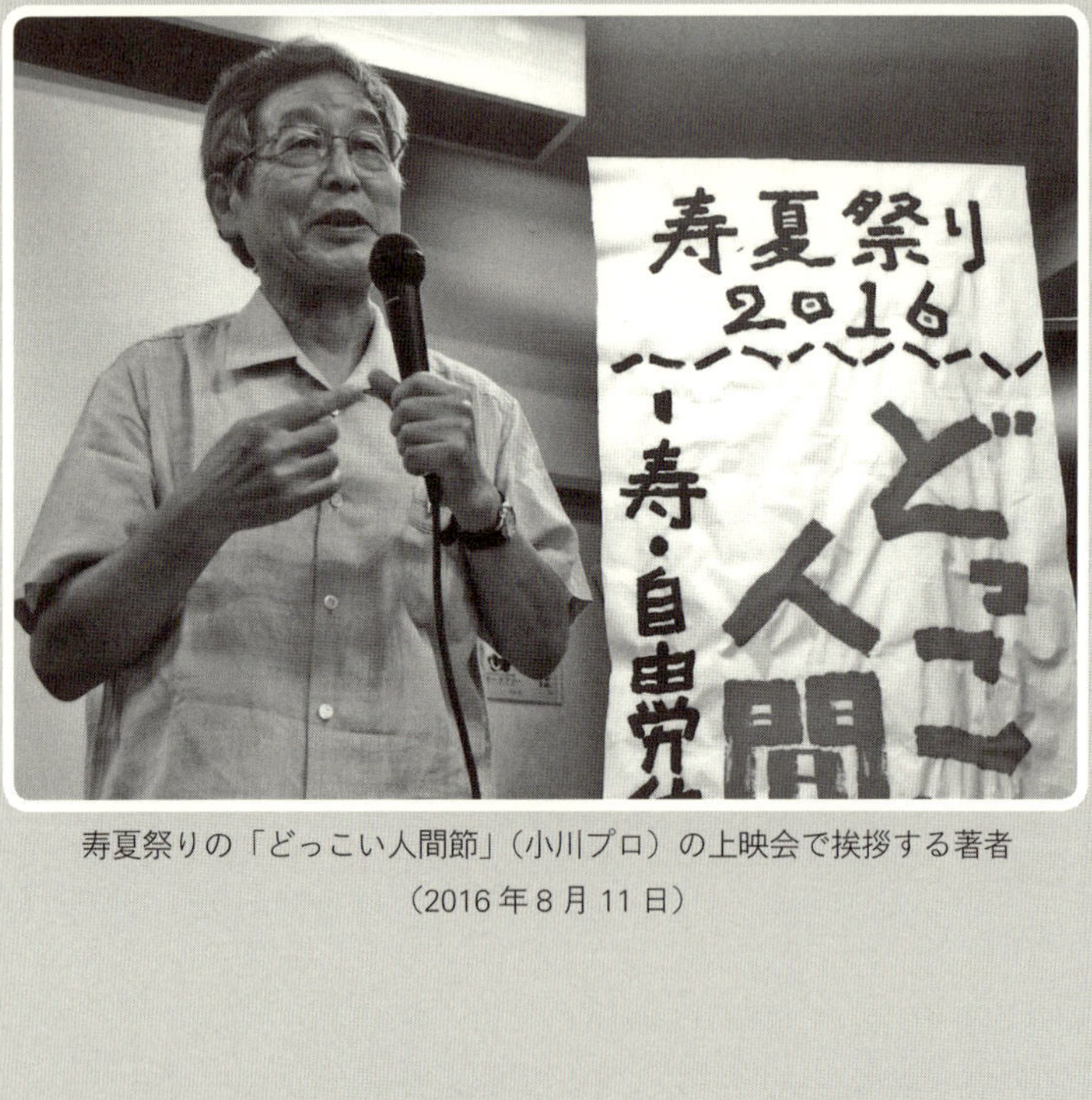

寿夏祭りの「どっこい人間節」（小川プロ）の上映会で挨拶する著者
（2016 年 8 月 11 日）

1

自分史からの地域づくり

生きること、それがぼくの仕事

早いもので、今年の十一月でぼくも七十五歳になる。

子どもの頃の印象でいうと、かつては六十歳を超えると「老人」というイメージがあった。しかし現代では六十歳はまだ若いという認識が一般的である。

しかし、七十五歳から後期高齢者という呼び方もされており、ぼくの参加している田谷町の老人クラブ（長生会）では、九月の老人の日には七十五歳以上の人に声をかけ、お祝いの儀式を行っている。

町内会長からプレゼントを手渡されながらうれしそうな人たちの姿を見ていると、七十五歳というのは人生の大きな節目の年なのかもしれないという気がしてくる。

平均寿命は既に男女とも八十歳を超えており、七十五歳は平均寿命よりも若いという考え方もある。

作家の小田実さんや、教育評論家の村田栄一さんは共に七十五歳で亡くなったが、その偲ぶ会では「まだまだ若かったのに惜しいなア」という挨拶が多かった。

しかし、人生を二十五歳で区切って、節目と考えてみると、人生の後半期に入ることは間違いない。

ぼくの人生をふり返ってみると、二十五歳から三十歳の頃に一つの大きな節目があったという気がする。

大学を卒業して小学校教師になったぼくが教師をやめ、日本一周の放浪の旅に出たのが二十七歳である。

北海道から沖縄までを歩き、さまざまな人々と土着共同体、また山谷などの寄せ場で暮らした時期である。

そして三十歳の時に横浜市の職員となり、寿生活館で相談員としての暮らしを始めている。腰を落ちつけて暮らしていく中で、結婚し子どもも生まれた。

その後、仕事は児童相談所に変わるが、五十歳までは、ソーシャルワーカーとして、相談活動や地域活動を中心とした仕事に従事していた。

家庭では、子どもたちが子どもから青年期へと変化していく時期で、さまざまな問題も抱えていたが、親としての自覚も深まった時期である。また、ぼくら夫婦の両親も高齢期に入り、体が弱ってくる時期を迎えてもいた。

そして、四十代後半から五十代にかけて、人生の上でも考えることが多く、ぼくは五十歳で大学の教員へと転身することになる。

それまで、自分が暮らす地域や、働く現場を中心に考えてきたことを、もう少し広い視点と長い歴史の流れの中で考えられるようになり、アジアの中の日本、そして身近な暮らしについて思いをめぐらすことができるようになった。

六十歳の時には、沖縄に生活の場を移し、沖縄大学で仕事をするようになる。

そして七十三歳で大学をやめ、一年余り沖縄で過ごした後、故郷（実家のある）の横浜に戻り、一年余りが過ぎたところである。

この間、自分の生き方や思いの根を探りたくて、身辺の記録を「暮らしのノート」として考え、書いてきたのだが、人生の後半をどう生きたらよいかという思いも少しずつ固まってきたような気がする。

三十歳の時、ぼくが横浜の寿生活館の相談員として生活を始めた時にスタートさせたのが月刊個人誌「生活者」であった。

日雇い労働者の街である寿町で出会った人々のこと、出来ごとなどを丁寧に記録し、そこから見えてくるものと向き合って考え続けてきたことを書きつつ、全国の仲間たちに送ってきた。

そして、寿町での生活を終え、児童相談所へと職場を移る時にまとめたのが、『風の自叙伝』（新宿書房）である。一九八二年のことであった。

寿町で出会った男たちの人生を書き残しておきたいという思いで書いたものだが、そこに書かれた一人ひとりの人生は、日本の歴史を記録しているという実感があったことを今でもハッキリと覚えている。

時代の大きな波にもまれながら生き抜いてきた男たちは、戦争中はアジアやミクロネシアに兵士として送り出され、戦後は日雇労働者として全国の土建現場、建設工事、船舶関係の仕事を通して廻り歩き、最後は横浜の寿町にたどり着いてきたのであった。一人ひとりの個的な生活史が、時代の現実を赤裸々に示しているとぼくには思えた。この頃からぼくは「ライフヒストリー」を丁寧に記録することで一つの時代が見えてくるという確信をもつようになった。

五十歳でぼくは横浜市立大学の教員になったが、自分史をまとめることを通して社会や人間が見えてくるという思いで学生たちと一緒に生活の記録、生活史の記録をテーマとして学び合うことになった。

そして六十歳の時、横浜市立大学をやめて沖縄の地へ生活を移すことになるのだが、その時にまとめたのが『生きる場からの発想—民衆史への回路』（社会評論社）と『未完の放浪者—魂の通過儀礼』（新宿書房）の二冊であった。

本来なら人間は二十五歳までを迷いと悩みの中で自分の人生を模索し、それ以後は自分の生きる場を定め、そこを定点として生きていくことになるのだと思う。

しかしぼくは、寿生活館や児童相談所で多くの方々と出会い、相談にのりつつ、さまざまの人生とつき合い、学ばせてはもらってきたが、自分自身の定点、居場所が定まらずにきていたのではないかと思う。

したがって六十歳になって、それまでの生活を全て白紙に戻し、沖縄という未知の島へ自らを放り込むことによって、もう一度自分自身の生きる場、生き方を模索しようとしたのだという気がする。

したがって『未完の放浪者』というタイトルは、六十歳になっても人生を模索し、放浪し続けるしかない自分自身に向けて放った問いであったと思っている。

人生を探し求める放浪者を、この年になってもやっているという自らへの「問い」でもあることの宣言を通して、六十年間の自分の人生史をまとめてみる作業もこの中で行ったのであった。

この本のラストで、ぼくは東北の詩人、真壁仁さんの「峠」という詩を引用している。

峠にたつとき
ひとはそこで
ひとつの世界にわかれねばならぬ
峠は決定をしいるところだ

沖縄での生活は、ぼくと妻の二人で選んだものであったが、そこでの十数年の暮らしの後、ぼくは子ども時代、青年時代そして生活の多くを過ごした横浜の地で暮らすことを決断して戻ってきたのであった。

沖縄では妻と二人して、沖縄の島々全てを巡り歩く旅も行った。

沖縄には数多くの離島があったが、どこの島でも人々は共に支え合って暮らしており、次の世代を島中の人々が見守り育てているのであった。

七十代でぼくがたどり着いた地点の思いは『海と島の思想―琉球弧45島フィールドノート』（現代書館）と『生きること、それがぼくの仕事』（社会評論社）の二冊にまとめることができた。

人間は自然と共に生きる存在であり、人とも支え合って生きることによって存在しているという確信と、命があり、生きていることが何よりも大切なことで、何かが出来る出来ないではなく、生きていること、存在していることが仕事なのだという発見であった。

そして今、ぼくは横浜の小さな田舎町、田谷という自然の中に暮らし始めたのである。七十五歳からどう生きていくか、それがようやく見えてきたという気がするのである。

真実は現実のただ中にあり

ぼくが二十代に日本列島を放浪していた時、九州の水俣に橋本憲三さんを訪ねたことがあった。橋本さんは、女性史研究家の高群逸枝さんの夫で、夫婦して「日本女性史」の研究をしてこられた方々である。

ぼくは高群逸枝さんの女性史研究に魅せられて放浪の旅の途中でお訪ねしたのだが、この時、逸枝さんは既に亡くなっておられ、憲三さんは「高群逸枝雑誌」を刊行して、若い研究者を育てておられたのであった。

ぼくは憲三さんのお宅に何日か泊めていただき、ぼく自身のこれからの生き方を模索していたので憲三さんにお聞きすると、即座に森信三さんを訪ねなさいと言われたのだった。

住所を教えていただき、水俣の駅前のポストから森信三さんへハガキを投函したのだが、それが縁で、それからぼくは神戸にあった森信三さんの家を訪れることになった。

当時ぼくは二十八歳か二十九歳頃だったと思うのだが、森信三さんは、今のぼくと同じ同年位の七十四歳か七十五歳位であったと思う。

一八八六年に愛知県で生まれた森信三さんは、幼い頃養子となり、母校の小学校高等科の給仕などをしつつ勉強し、二十八歳で京都大学哲学科に入学する。

ぼくがお訪ねした頃には『森信三全集』（全二十五巻）の刊行を始めておられる時であったが、この時の出会いは、ぼくには大きかった。それ以来、森信三さんの本を読み進めてきたのだが、一九三七年に書かれた『学問方法論』と、「真実は現実のただ中にあり」という言葉が、身体の芯にズシーンと入ったような気がする。

目の前の暮らしそのもの、現実の中に真実はある。それを探し出し、発見する力をつけよ、というのが一つ。また、学問方法論では、人はすべて、どんな人でも生涯をかけて学問をしているという指摘であった。学問というのは、研究者や大学の学者だけがやるものではないというのだ。学問とは、生きることそのもの。生きている中から自らの生き方を誰もがつかみ取ることができる。職人にも大工にも農民にもその人なりの人生観、生き方がつくられていく。

それぞれの人の人生観、生き方それをまとめること、それが学問だと森信三さんは言われた。ぼくはその時から、すべての人の生きてきた軌跡、それをまとめていくこと、つまり自分史（ライフヒストリー）をまとめることが、学問だと考えるようになっていた。

「人は誰でも生涯に一冊、自分だけの歴史、人生をまとめておく必要がある。それは生きてきた人生学校の卒業論文ではないかと思う」と森信三さんは言われていたのだとぼくは思っている。

森信三さんに会って、ぼくはすぐに個人通信「生活者」を始めるのだが、この題字は森信三さんに毛筆で書いてもらったものである。森さんも「実践人」という個人通信を発行しており、森信三さんが亡くなられた後も「実践人の家」の方々が発行を続けている。森信三さんは一九九二年、九十五歳で亡くなられたが、ぼくの中でその影響は大きい。

寿町時代に出会った人々の記録をまとめた『風の自叙伝』は、一人ひとりの大切な人生を記録しておきたいと考えていたぼくの思いが結実したものの一つである。

そして出来れば、自分自身の言葉や文章で自分史が書けるようになればよいと考えて、寿の街で「寿夜間学校」や「寿識字学校」が生まれ、お互いの人生を聴き合い、話し合う雰囲気が生まれてきたのであった。

そんな中の一つに『障害浮浪児の戦後史』(深沢健一著、神奈川新聞厚生文化事業団刊)という本がある。

当時深沢さんは関西から横浜へやってきて寿町のドヤ街で生活を始めた方である。深沢さんは幼い頃、風邪をこじらせ高熱のため脳性小児マヒになった方であった。寿町に着いた時も、その障がいのため生活保護を受給して生活することになったのだが、もちまえの明るさで、寿町に暮らす身体障がい者の人たちの集まりをつくりあげ「寿身障友の会」の中心人物となった人であった。

深沢さんも、寿夜間学校に参加して、自分の人生を語ってくれたことがあり、子どもの頃のこと、また東京で戦災に遭い、浮浪児として生きてきた日々のことなども語ってくれ、記録しておきたいと考えていたので、深沢さんの自分史づくりを始めたのであった。

深沢さんは一九三三年生まれ。小学校に入学した年に第二次世界大戦が始まった。父親は結核で深沢さんが幼い時に亡くなり、母親は知人宅に深沢さんを預けて失踪し行方不明となる。近所の子ども達からは「ヤーイ、ヤーイ、中気、中気！」とからかわれ、辛い日であったが在日朝鮮人の金さんが、いつもやさしく迎えてくれたという。

東京大空襲の日は、十二歳。戦後の焼け跡で浮浪児の仲間に入るが、そのリーダーが十五歳の松葉杖をついたリーダー、「ビッコのコー坊」であった。けがで片足を失ったコー坊は、逃げる時は普通の人以上に速かったという。コー坊は英語もうまく、子ども達は靴みがきを仕事としていたという。

その後、さまざまな苦労をしてたどり着いた寿町で、深沢さんは同じ障がいをもった仲間たちとグループをつくり、その代表になっていく。やがて寿の町に作業所が出来、身障友の会の「古着屋」が開店し、仲間同士で誕生会をやったり食事会を開いたり、支え合いのつながりが出来ていった。

「ことぶき福祉作業所」の開所式には、当時国会議員であったコロンビア・トップさんが来てくれ、深沢さんを支えてくれる力強い応援団にもなってくれた。

そして、寿町で深沢さんは同じ仲間の茂子さんと結婚し、長い間行方知れずであった母親とも多くの方々の協力で会えることにもなったのであった。こうした人生を、ぼくは深沢さんの家に通いながら、まとめることができた。

その原稿を神奈川新聞社の方々が読んでくれ、一冊の本になったのであった。

この本が出来たのは一九八五年。あれから三十年が経過したが、横浜に戻って久しぶりに寿町を訪れ、深沢さんの消息を聞いたのだが、既に亡くなられていた。あの人なつこい笑顔とも会えないのは残念だけれど、深沢健一という人が、この寿町で人生を過ごしたことは間違いのない事実である。

一冊の自分史は、この世にかけがえのない歴史であり、たった一つの固有の人生史でもある。同様にニコヨン人生を送った郡山吉江さんが自らの生活を綴った『ニコヨン歳時記』（一九八三年、柘植書房）も心に残る一冊である。郡山さんは書き上げた原稿をぼくに見せ、タイトルの題字を書いてほしいと頼まれ、ぼくは毛筆でタイトルを書いたのだが、それからしばらくして亡くなられた。重い一冊としてぼくは大切にしている。

ライフヒストリー研究会

ぼく自身は、今ようやくこれからの生きて行く方向が見えてきている。それは今、ぼくが生きている場、地域社会、そしてこの時代の中にシッカリと足を降ろし、この現実の中で生きていくことである。しかも、今出会っている方々と、お互いの人生、生活史を交流しながら、支え合い、より添って生きていくという世界観である。

ぼくは今、この町の老人クラブ（長生会）の一メンバーとなり、少しずつ活動に参加しているが町内の老人クラブニュースの編集、発行をする役をまかされることになった。

ちょうどぼくの七十五歳の誕生月である十一月号から準備号を発行し、来年四月の定期総会の後から正式に広報部をまかされるので、創刊一号からスタートしようと思っている。

そこには、町内の老人クラブメンバーの様子や行事などを載せていくのだが、同時にここには「田谷町内人物誌」を載せることにしている。

その人の考え方や人生、これまでやってきたこと、楽しかったこと、辛かったこと、子ども時代のことなど、自由に載せていく。町内で共に住んでいる人の交叉点、交流点としたいと考えている。

そして、もう少ししたら、一人の方の人生史を老人会メンバーに話してもらう集まりも開きたい。お互いの人生を聴き合い、語り合う集いを定期的に開きたい。

さらに慣れてきたら、一人ずつの方々の人生史（自分史）を一冊にまとめ、町内の方々に配布し、小学生、中学生、町民にも聞いてもらえるような集いも開催したい。

この町にこんな人がいる、こんな歴史があるということを一つ一つまとめつつ交流させたいと思っている。

「自分史」という言葉が、最初に注目されるようになったのは『ある昭和史―自分史の試み』（色川大吉著、中央公論社、一九七五年）といわれている。

個人史を通して歴史を見ていくという色川さんの発想はその後、より一層理論化され『自分史―その理念と試み』（講談社学術文庫、一九九二年）としてまとめられる。

さらに、二〇〇〇年には『元祖が語る自分史のすべて』(草の根出版会)として色川大吉さんによってまとめられていく。

この中で色川さんは、自分史の歴史に注目していく。一般的には、戦後、東北の生活綴方運動の中から生まれた、「山びこ学校」(無着成恭編)や生活記録の運動が注目されていくのだが、色川さんは、東京の八王子でスタートした「ふだんぎ」の運動から書き始めていくのである。

一九五八年、東京の八王子で「ふだんぎの会」を立ちあげた橋本義夫さんが、その趣意書の中で「ふだんぎ」という言葉を使っている。


ふだんぎがほんとうのすがたです。よそゆきは、しばいがすくなくありません。

もちろん、しばいもひつようですが、ふだんぎは、そのなん十倍も、たいせつです。

ふだんぎは、せいかつそのものですから。

ふだんぎといっても、ここではきものばかりでなく、シンボルです。

だれもみんなということ、あたりまえということ、せいかつということをいいます。

わたしたちは、ふだんぎをけんこうな、しっかりしたものに、よりよいものにしたいのです。

みんな、ちからをあわせ、おおいにまなび、ためし、やってきづきましょう。

ふだんせいかつの　かいぜん
ふだんぎで　つきあいたい
ふだんぎで　はなしたい

ふだんぎで　ものをかきたい

ふだん着からスタートし、ふだん記と変化し自由に語り、自由に書く集まりとなり、賛同者もふえて、一九六八年には「ふだん記」の第一号が発行されていく。

この頃から日本は、高度経済発展の時代が始まり、一九七〇年には大阪万博が開催され、都市が文化の中心になっていく。

しかし、すぐに日本の経済発展は大企業中心の文化となり、各地で公害が多発し、経済格差も拡大していく。

人々の暮らしはみかけとは違って重苦しいものとなり、本音の言えない社会となっていった。そんな中で「ふだん記」は、ありのままのことばで自分の思いを語れる場として、全国各地に拡大していった。

そして、一九八六年には、神奈川県の茅ケ崎の鈴木政子さんが『自分史—それぞれの書き方とまとめ方』（日本エディターズクラブ、一九八六年）を書くことになった。「ふだん記」の運動が「自分史」を書くこととつながり、一人ひとりが自分の生活史をふり返るようになってきたのであった。

そんな「自分史」活動が高揚してくる中で、橋本義夫さんは一九八五年八月に八十三歳で亡くなられるのである。

ぼく自身も、横浜市立大学の教員時代に、市民の方々と「社会臨床研究会」を開催し、それぞれの実践、暮らしと自分史をつなげる作業をしていたのだが、学生諸君とも「ライフヒストリー研究会」をやっていて、自分史を書くことや、他者の人生を聴き取る活動もやっていた。

その中の一人に増沢航さんがいる。

彼は、ぼくが沖縄大学へ移った後も横浜市立大学の大学院に進み、橋本義夫さんと「ふだん記」の実証的研究を続け、『記録の戦後史―橋本義夫が遺した記録』（ふだん記創書24、二〇〇七年）としてまとめている。

橋本義夫さんのご子息である橋本鋼二さんのご協力もいただきつつ、橋本義夫さんの実筆記録にも目を通し、刻明な橋本義夫論をまとめている。

ぼくは、今回横浜に戻り、地域での自分史の作成を始めようと資料の整理を始めているのだが、これから橋本義夫さんの仕事も参考にさせてほしいと考えている。

増沢航さんは、八王子の地方出版社、清水工房の社員として、八王子の地域史の掘り起こしにも力を注いでいる。したがってこれから、さまざまな方々のライフヒストリーをまとめることが、ぼく自身の生き方になっていくことになると思っている。

2

町内会、老人クラブを創った人

「聞き書き学校」の試み

ぼくの住んでいる横浜市栄区は、横浜市に十八ある区の中では三番目に新しくできた区で、今年で三十年目を迎えることになった。

一九八六年（昭和六十一年）に戸塚区から分区し、新しく誕生した区である。分区する頃の戸塚区の人口は四十五万人を超えるほどに拡大し、行政区の人口としては日本最大とまで言われていた。

そのため行政としても事務処理が難しくなっており、利用する市民にとっても身近な行政を進めるために、よりスリムにしてほしいという要望もあがっていた。

その当時の栄区の人口は約十二万人。

再編されてからも人口は大きく変化しておらず、現在でも一二万二五八五人（二〇一六年、十月、三一日現在）である。

約百三十年ほど前の文献によると、栄区あたりの人口は千六百人ほどだったと言われている。

縄文や弥生の土器なども発掘されるところからみると、自然や水にも恵まれた丘陵と水田地帯であったことが想像される。

一八八九年（明治二十二年）の市町村制が施行され、鎌倉郡本郷村、鎌倉郡豊田村そして、ぼくの暮らしている田谷町を含んだ鎌倉郡長尾村の三つが含まれていた。

それぞれの村は農業を中心に安定した暮らしをしていたのだが一九二三年（大正十二年）の関東大震災で大きな被害を受け、その後の経済不況と軍国主義への道が始まり、この周辺にも軍需工場や海軍の燃料倉庫なども造られ、世界大戦へと突入していく。

そして、この戦争によって田谷の地域からも前途有為の青年たち十九名が兵士として出兵し尊い生命を落としている。

戦後になると丘陵地を中心にして大規模な住宅開発が行われ、住宅都市として大きく変貌をとげていくことになる。

一九六〇年代から一九七〇年代にかけて、住友電気工業や日本光学（現ニコン）等の大規模工場が建設され、人口も一気に増えていくことになった。

特に大船駅の周辺では、アメリカ軍に接収されていた「第一海運燃料廠の跡地（大船ＰＸ）」が全面的に返還され、その広大な土地に、県消防学校、県警察学校、市営・公団・国家公務員などの高層住宅が相次いで建設され、宅地開発や団地開発により、人口は爆発的に増加したと言われている。

こうして大船駅周辺の主に本郷村は大規模な開発や住宅建設で一気に都会化する。

また少し遅れて戸塚駅を中心とした豊田村も再開発が進み、都市開発が進んだ。それに比べ、田谷町、金井町、長尾台町などぼくらの住んでいる長尾村は、その開発はゆるやかではあったが、田園地帯の姿は序々に消えていくことになる。

二〇一六年十一月、栄区の中では住宅開発が、今から四十年余り前に一気に進み、横浜の田園調布と呼ばれていた桂台町の方々がやっている学習会にぼくは呼んでいただいた。

当時この地域に移ってきた方々も、現在は七十歳前後となり、高齢者の仲間入りをしているのだが、現役時代は大手企業の職員であり、また国家公務員、地方公務員として活動してきた方々や、ジャーナリスト、弁護士、中小企業の経営者であった方々も多く、女性の方々も教師や民間企業で働いていたり、自営業の方もおり、現在も地域の市民活動、ボランティア活動に熱心に取り組んでいる方々も多い。

その方々が集まって学習会をしている場が、横浜桂台地域ケアプラザである。

近くには横浜市立の本郷小学校、中学校があり、社会福祉法人の「訪問の家」もある。子どもや障がい者、高齢者など地域の方々が自由に集まり、交流や行事、ケア活動もしている。

田谷の町には、このように自由に使える空間がなく羨ましく思っていたのだが、ここで活動している方々の中に「ふくろうカフェ」というグループがあり、以前、横浜市や横浜市立大学の職員としてさまざまな活動をされていた吉田さんが、退職後、ケアプラザに顔を出している方々を中心に声をかけ、自由で自主的な学びの場、語り合いの会として、お茶を呑みつつ交流する「ふくろうカフェ」を始めたのであった。

毎月一度は仲間で集まり、それぞれに関心のあるテーマをもとにして語り合うというこの試みも、もう三年目になるのだが、気楽に集まれることもあり、さまざまな分野の人とも会えるという魅力もあり、活発な集まりとなってきていた。

ぼくはこの日「話す、聴く、ちむぐりさの世界」というタイトルで話すことにした。

この日までに、ぼくは吉田さんをはじめ関係者の方々と三回会っていた。

一回目は、吉田さんと二人で自己紹介を話しつつ「ふくろうカフェ」の内容と目的について伺った。

二回目は、桂台地域ケアプラザ所長の石塚淳さんと吉田さんと三人での話し合い。

そこで、ケアプラザの日常活動について伺った。この中で「聞き書き」ボランティア活動をしていることを知った。

この聞き書きの発想は、高齢者の話を聞く中で、ただ聞くだけでは勿体ないと気付き、書き残すことになったところから始まったという。

そして、その作業をくり返す中で、テープレコーダーに入れた録音を文章に直す時に、書き言葉の文章に直すのではなく、会話体をそのままに記録すると、その人の語り口、雰囲気がそのままに伝わってくると気付くことになり、話し言葉をそのまま書きとめることにしたというのである。

とは言っても高齢者も自分の歴史をそのまま他人に話すのは、相当の覚悟がいる。

話したくないこともあり、悩むに違いない。

そうした問題も考えつつ、試行錯誤をくり返すうちに、一定の方法論が生まれてきた。

そこで「聞き書き学校」がスタートすることになり、初代の校長は、故井上ひさしさんが引き受けてくれ、現代まで引き継がれている。

ずっと、この試みの事務局を引き受けていた小田豊二さんが、入門書も作成し、現在もその普及に努めているという。

小田豊二さんは井上ひさしさんの劇団「こまつ座」にも参加し、機関誌の編集者でもあった。

石塚所長は、小田さんの「聞き書き学校」も受講し、今、ケアプラザで「ふくろうカフェ」の仲間と、聞き書きボランティア隊を組織し、既に二十冊以上を製作していた。

そして、見本も何冊かいただき、手づくりの「聞き書き」の記録を読み、その世界にぼくは惹かれてしまった。

三回目は桂台地域ケアプラザを訪ね、「ふくろうカフェ」の仲間の皆さんと会い、ケアプラザを見学させていただいた。

そして、その当日を迎えたのであった。

老人クラブ設立の動き

ケアプラザの二階の広間には六十名あまりの地域の方々が集まってきた。

この日、ぼくの話した内容は次の通り。

「話す、聴く、ちむぐりさの世界」

1　今まで生きてきて考えること

(1)　人生には四つの節目がある

・学生期、家住期、林住期、遊行期

(2)　生まれ、そして学び育つ時代

・生まれた時、戦争が始まった

・生きることの意味を知ったとき

・教師になり、そしてやめたとき

2　生きるとは、人に出会うこと

(1)　放浪時代に出会った人々

・人生はただ一度、「生活者」の発刊

(2)　日雇労働者との出会い

・寿町での暮らしと体験、そして結婚

・寿夜間学校で出会った人々

3　ソーシャルワーカーという生き方

(1)　子どもと関わり、暮らしを学ぶ

・児童相談所で出会った子どもと家族

(2)他者との関わりが人をつくる

・社会臨床研究会で出会った人々

4　ちむぐりさの世界

(1)　地域共同体の暮らし

・命《ぬち》どぅ宝という思想

(2)　海と島の暮らし、離島の暮らし

・ゆいまーる、ちむぐりさ

5　話す、聴く、ともにやる

(1)　てだのふぁの暮らし

・「じば子の家」の発想

(2)　老人クラブの可能性を生きる

・ありのまま、ともに生きる世界

ぼくはこのような内容で一時間余り、自分史を語ったことになる。生まれてから老人クラブに入るまでの人生を話したわけだ。

その後、質問を受けて、より詳しく話すことにもなったのだが、この場は公開された「聞き書き学校」だったような気もする。

小田豊二さんのまとめられた、ワークブック「聞き書きをはじめよう」(木星社)には次のようなことが書かれている。

「聞き書きって何だろう?」それは世界でたった一冊しかない本。

「聞き書きをするとどうなるの?」おじいちゃん、おばあちゃんが生きてきた時代がわかる。

お年寄りから、たくさんのことが学べる。

お年寄りが元気になる。

「聞き書きって、どうやるの?」

語り手を探す、お話を伺う、テープに起こし、執筆・編集・製本をして完成。

「語り手が見つかったら?」

家族の了承をとる、前もって語り手の情報を得ておく、お会いする日を決める、一回に一時間程度とする。

「どんなことを聞いたらいいの?」

現在の様子、生まれたときのこと、子ども時代、青年時代、娘時代のこと、戦争のこと、結婚、仕事、家庭、息子、娘へ、あなたへ、孫やひ孫へ、その他。

「聞き終えたらテープを起こします」

「タイトル、まえがき、小見出し、あとがき」

「製本をし、お年寄りに手渡す」

図入りのテキストを見ていくと、自分でも気楽に話せそうだし、聞くことも何とかなりそうな気になってくる。

この日の「ふくろうカフェ」の終了後、仲間のやっている小さな食堂で、夜遅くまで語り合ったのだが、参加者同士がまるで身内のような開放感と自由な雰囲気があって、楽しかった。

しかし、かつて賑わった商店街は大型スーパーに取って代わられ、高齢者だけの暮らしや、一人暮らしも多くなっているという話も出てきた。

二十代、三十代でこの地に移り住んだ世代は、六十代、七十代となり、これからの高齢社会をどのように生きるかが課題だと感じた。

この街が次の世代に継承されていくためには、やはりその土地の文化や歴史が受け継がれていく必要がある。そのことを痛感した。

ぼくは田谷の家に戻ってから、田谷地区で田谷町内会をつくり、最初の老人クラブをつくった石川伊之助さんのことを考えていた。

石川伊之助さんは一八九八年（明治三十一年）に田谷に生まれている。

長尾村立尋常千秀小学校、神奈川県立鎌倉師範学校付属小学校高等学科に学び、一九一四年（大正三年）には、建長寺本派普通学校（中学校）に入学している。

その後、自宅の農業に従事しつつ、鎌倉郡立農事講習所で農業全科を受講している。

この時代の教育状況を考えると、かなり高い教育と技能を受けていたといえる。

したがって、田谷農事実行組合長や消防班長、さらに方面委員（現在の民生委員）なども務めている。

また、一九三一年（昭和六年）には、田谷町鎮守御霊社の氏子総代にもなっている。

この時、石川さんは若干三十三歳である。

戦前、戦中を通し田谷の農民として、またその暮らしの中から時代をジッと見続けてきた石川さんにとって、戦争が終わって新しい時代に向かってどう生きていくべきかを真剣に考えていたのではないかと思う。

石川伊之助さんが戦後まっ先に取り組んだのが、田谷町内会の組織化であった。

一九四六年（昭和二十一年）九月のことである。

この時、石川さんは四十七歳。

人生の中ではもっとも充実した時期ではなかったかと思う。

田谷だけではなく、当時長尾村から豊田村へと再編されていた豊田地区の連合町内会の会長にも就任している。

戦後の地域づくりのリーダーとして多くの人々から信頼され、期待されていたことがよくわかる。その後、石川さんは一九六七年（昭和四十二年）まで、二十年にわたって田谷の町内会長を務めているのである。

いかに人望を集め信頼されていたのかが伺われる。

農民としては細い身体で色白で、いつも地域を歩き、人の相談にのっており、さまざまの行事にも参加し挨拶をしていた姿をよく思い出す。

その石川さんが発案して、田谷の老人クラブ「長生会」が設立されたのが、一九六三年（昭和三十八年）九月のこと。

石川さんは六十四歳。田谷町内会長も兼ね、同時に豊田地区老人クラブ連合会の会長にも就任している。

この年、つまり一九六三年七月十一日には老人福祉法が制定されている。

それを契機に全国各地に老人クラブ設立の動きが起こるのだが、石川さんはこうした時代の動きに敏感に反応して、発起人会を開き、当時、会員数六十五名で九月十一日に創立総会が行われている。この老人クラブ（長生会）の会長も、一九七九年（昭和五十四年）まで十六年にわたって続けられた。

次世代に引き継ぐもの

石川伊之助さんが亡くなられたのは一九八〇年（昭和五十五年）十一月一日である。

その石川さんが、何とかまとめておきたいと考え、発行した三冊の冊子がある。

生前にまとめられたものは『故事解説』（一九七三年）である。

この冊子の緒言で石川さんはこう書いている。

「郷土に伝わる昔から行われた幾多の行事は…時代の流れと共に変わってきたり、……未来には閑却され、消滅してしまう」可能性がある。

したがって「明治大正の頃行われた各種の行事を記録し、後代世人の参考となる事柄を残すことは、当然の責務と思う」そして、一月から十二月までに行われてきた行事の内容とその意味を、五十頁にわたって書き残しているのである。

同様に『田谷散歩』（一九八〇年）も数年かけて書き続け、亡くなった直後に出版されている。内容は四編に分かれており、⑴郷土田谷のうつり変わりを考える⑵郷土の歴史物語⑶まぼろしの寺院あれこれ⑷田谷の芸能と娯楽、が刻明に書かれている。

さまざまな古文献も読み込み、またその場を訪ね、写真なども付け、後代の人々に伝えようとする思いに満ち満ちている。

もう一冊は、石川さんが亡くなられた後にまとめられた『支那事変、太平洋戦争・盡忠録』（一九八三年）である。

実はこの冊子の刊行は、一九六三年に田谷町の老人クラブが結成された時、老人クラブの事業として、田谷町から出征し戦没者となった若者たちの尽忠録を作成することが決定されて以来、石川さんは戦没者の家庭を訪問し、記録の作成を続けてきたのであった。

一九六七年（昭和四十二年）には、御霊神社の境内に忠霊碑を建て、裏面には戦没者の氏名と住所を彫刻し、田谷町内の人々の募金を基に行われた建碑除幕式も行われたのだが、石川さんの戦死者への思いは並々ならぬものがあった。

一八七二年（明治五年）に徴兵令が発布されて以来、多くの人々が戦禍に倒れている。石川さんには、無謀な戦争の犠牲になった人々、そして同じ地域の人々への悲しみが深く残っていたのだ。

発刊のことばの中で石川さんはこう述べている。

「若い者は悉く戦線に応召され、銃後も国家総動員で働ける者は徴用令で軍需品製造に従事し、残された老人婦女子農民は食料増産に努力いたしましたが、肥料も物資も配給で、国民は斉しく疲労困憊の極に達しました」

「この大戦争に際し、当町からも数多くの戦士が召に応じ勇躍征途につき悪戦苦闘を致しまして、遂に十九柱の方々は前途有為の身をば可惜国難に殉ぜられましたこと、返す返すも残念であり、ご遺族の方々のご心情を思い至す時、誠に断腸の思い切々たるものがございます」

石川さんは、この作業をコツコツと続けながら体力的にも精神的にも疲労を感じるようになり、老人クラブの二代目会長になられた佐藤福蔵さん（元国鉄職員）にも協力を求めている。一九七七年のことである。

佐藤さんは、あずかった資料をもとに各家庭を二回、三回と訪ね、また県庁、市役所などにも足を運び、資料の収集や補足作業を行い、その都度、石川さんにも目を通してもらっていたのだが、石川さんが一九八〇年に亡くなられ、その後、田谷町の矢島庄之助さん、小巻伊助さん等も協力し、一九八三年八月十五日にようやく完成したのであった。

しかし、二代目老人クラブ会長の佐藤さんも、この刊行の直前の三月に他界され、結局この『盡忠録』は、老人クラブ田谷長生会の三代目会長、曽爾孝郎さんの時代にまとめられることになったのである。

あの戦争によって、二十代の若い生命が次々と奪われていったことに対する同世代の人々の怒りと悔しさ、無念さがこの記録の中からあふれ出てくる。

多くの若者が、地元の尋常小学校や尋常高等小学校を卒業して農業に従事していた。中には旧制鎌倉中学校に進学し、剣道部の主将（三段）になり、サッカーの選手になって活躍していた若者もいる。

しかし、二十二歳、二十歳、二十一歳といった若さで外地で亡くなっていった。

「昭和十五年二月、ノモンハン事件に出動し、これを鎮圧帰営後、集団赤痢が発生し罹病した。病兵多数のため兵舎がそのまま病室となる状態で、軍医も少なく阿修羅の巷の観があったと聞く。……その後病状が悪化し、昭和十五年七月十九日不帰の客となった」

「昭和十七年五月六日、フィリピン、ルソン島コレヒドール要塞付近における激戦中、敵弾数発が左頬部下顎部貫通銃創により、遂に君を護国の鬼と化せしめた」

「第一吉田丸は台湾沖合にて敵の魚雷攻撃をうけ、昭和十九年四月二十六日、壮途空しく全員海底のもくずと消えたことは、哀悼の情禁じえない。

故郷の家には、年老いた母一人を残して、兄は既に戦病死、自分もまた出征という宿命の中に何時の日か、恵まれなかった軍国の老母の労苦に報いることを最高の孝養として日夜軍務に精励されたであろうに、悲しきかな望み空しく……」

こうして、十九名の田谷出身の若者の刻明な記録と写真が一人ひとり記録されており、その他に外地で戦死された若者七名を加え、二十六名の記録が綴られている。

同じこの地で暮らしていた方々が、召集され戦地で亡くなっていく様子を一つ一つ読みながら涙がこみあげてならなかった。

二度と武力も保持せず、戦争にも参加しないと誓った憲法九条の条文を無視して、海外での武力行使ができると決めてしまった国会での議決、そしてついに「駆けつけ警護」という名のものに海外での武器使用に踏み込んだ日本。

二度と戦争をしてはならぬと決め、かつての犠牲者の無念さを記録し残したいと考えていた、ぼくらの先輩の方々の思い。

あらためて、田谷という地域の中で、全力をあげて町内会活動に取り組み、また老人クラブ田谷長生会をつくりあげ、安定した地域づくりをするため、農地の改良にも全力で取り組んでいた石川伊之助さんの生き方、思いを受けとめなければと感じた。

ぼくと同じ年齢の頃、石川さんは次世代に田谷の文化と歴史をシッカリと受け渡したいと、記録をつくり、まとめる作業を始めていた。

ぼくも今、長生会の一員として、長生会ニュースの発行を通して、先人達の足跡を記録し、ぼくらの思いもまた次の世代に伝える役割があると痛感している。

一人ひとりの聞き書き、生活史をまとめる作業は、現代社会の中で、大きな意味を持っていると感じられてならない。

3　学びの場と地域の変遷

学びの場・寺子屋の発足

二〇一六年十一月十五日は、ぼくの住む横浜市栄区田谷町の小学校、横浜市立千秀小学校の一四〇周年目の創立記念日であった。

一つの小学校が創立一四〇年を迎えるということは、その背景に長い地域の歴史があるということである。

そこで田谷長生会としては、今年の「歴史散歩」の場所の中心に、田谷にある日蓮宗のお寺「妙顕山常勝寺」を組み入れることにしたのであった。

まだ全国に小学校が誕生する以前、田谷においては、この常勝寺が子ども達の学ぶ場「田谷学舎」として認められていたのである。

つまり、常勝寺の本堂が「寺子屋」として活用されていたということなのである。

田谷の有志によって作られた「田谷郷土史」（一九六五年）には次のように書かれている。

「徳川末期に於いて田谷の子弟教育施設であるが、田谷では常勝寺の本堂を使用していた。

今日でも机などの遺品がある。勿論、教師は僧侶であった。科目は所謂、読み、書き、算盤である。

文字は、御衆派、書籍は肉筆で師匠が書いてくれたものとか、実語教童子訓、今川古状揃、東海道往来、江戸方角、庭訓往来といったものであった。鉛筆もペンもない時代で、墨書ばかり、手習草紙は何回も書くので真黒、半紙は手すき半紙で、清書も和綴じして残してあった」

そこで気になるのが、現在の田谷にある常勝寺はどこから来たのかということである。

調べてみると、かつて鎌倉にあった「妙勝寺」の末寺であるということがわかった。

一五〇四（永正元）年に鎌倉妙勝寺の三世として僧侶をしていた常勝院日養上人が、その任を終えて田谷の坪入谷にやってきて、そこに庵を建て隠居したというのである。

この庵を「伯耆庵《ほうきあん》」と呼び、山号を「妙顕山」と称したという。

それから、三百年ほどした一七九九（寛政十一）年に、現在の常勝寺がある「芝後谷」に移転し、寺として再建され、翌年の一八〇〇年には開堂供養が行われている。

ぼくは子どもの頃、よく「伯耆庵」という言葉を聞いており、それがどういう意味かも知らなかったが、現在の常勝寺の前身の庵であり、近隣の人たちにとって心の寄り処であったのだということが分かった。

今回も、この「伯耆庵」の跡へ行ってみたのだが木々と草の繁る土地で、その雰囲気はない。しかし、自然に恵まれた場ではあった。

現在の住職、田村謙昌さんは、常勝寺の第二十五世であるという。ということは、「伯耆庵」

に隠居した日養上人から数えているということで、二〇〇四（平成十六）年には、常勝寺は開山五百年を迎えたということになっている。

そこで千秀小学校との関係なのだが、一八五八（安政五）年に鎌倉妙勝寺から田谷の常勝寺に移ってきた太田日皓という僧侶が、田谷の子ども達に読み書きを教えていたという記録が残っている。

一八七二（明治五）年には「教育令」が発布され、寺子屋として使われていた常勝寺に「田谷学舎」がおかれることになった。

そして一八七六（明治九）年に「田谷学舎」は、「公立千秀小学校」として開校され、田谷、金井、長尾台、小雀、飯島、長沼の六つの村の子ども達、約四十人が通うようになったという。

その時、長年寺子屋、田谷学舎の教師を務めてきた太田日皓上人は、千秀小学校の教員を命じられ、その後も教師を続けたという。

太田さんが亡くなったのは一九〇三（明治三十六）年、八九歳であったという。

長年にわたって教師を続けてきた太田さんの人柄を慕って、子どもや親、そして村人が太田さんを偲ぶ「筆子塚」を建て、現在も常勝寺の境内に建立されている。

今回の歴史散歩の前日は雨だったため心配していたのだが、この日は雨も止み久しぶりの晴れとなった。

今回の案内役は三人。一人は横浜市の小学校の教員を長くやってこられた浅野和枝さん。

一九六六年から一九六九年まで千秀小学校の教師をしており、地域には教え子も多い。

現在は長生会の副会長と文化部長を務めている。八十六歳と高齢だが歩くのも速く、記憶力も抜群。今も先生の雰囲気をもっている方である。

もう一人は、ぼくの小学校時代の同級生であった矢島眞さん。当時は、今の千秀小学校は横浜市立豊田小学校の田谷分校であった。

中学までは一緒だったが、高校は私立の進学校に入学し、中央大学の卒業生。卒業後は横浜市の職員、管理職として定年まで勤め、その後は農家を継いでおり、農協の役員や地域のさまざまな役員もしている。

三人目はぼくの弟の加藤勝彦。彼も千秀小学校の前身、田谷分校の生徒で、横浜市立大学に進学し、辻達也先生のもとで日本史を学び、その後は横浜市都市科学研究室で長年にわたり「調査季報」の編集を担当していた。

その後、鍼灸師の資格を取り、妻の小夜子さんと二人で「創健治療室」を始め、開業している。自宅の治療室や往診で患者さんの自宅へも伺い、「田谷の里」（老人ホーム）へも出かけている。

この三人で事案の準備もされ、丁寧な資料集も当日は手渡された。

この日は午前十時に、常勝寺の山門前に集合、本堂前の庭で説明のあった後、常勝寺の第二十五世僧侶、田村謙昌さんに寺を案内していただいた。

ぼくらの期待していた、かつての寺子屋の遺品類、机や教科書などは、保管していた倉庫での管理が充分でなく、処分してしまったということであった。しかし、千秀小学校の成立が、この常勝寺の寺子屋にあったということは確認することができた。

こうして一九一六（大正五）年には豊田村立尋常高等豊田小学校の分教場となる。その後の関東大震災では校舎の一部が破損し、しばらくの間、常勝寺に教室を移したことはあるが、分教場は続き、一九四一年には横浜市立豊田国民学校田谷分校となる。

ぼくが入学した一九四七（昭和二十二）年には、名称は豊田小学校田谷分校となった。したがって、ぼくらは国民学校から小学校に変わった第一期生ということになる。

わらぶき屋根の校舎に二教室ができ、一教室には一年生、もう一つの教室には二、三年生が入り、複式授業であった。

そして四年生からは本校の豊田小学校へ通っていた。

一九六六（昭和四十一）年には千秀小学校に独立し、校歌、校章、校旗もつくられて、新たな歴史が始まったのであった。

千秀小学校のあゆみ

戦争が終わって二年目の一九四七（昭和二十二）年、この時は「教育基本法」「学校教育法」が制定され、男女共学、六・三・三制による新しい教育制度も発足している。

その時の八月には、「分教場」から「分校」とよび名も変わっている。

この年に、ぼくは田谷分校に入学している。今考えると、大きな戦後教育の変わり目の中で教育を受けることになったのだと気付き、感無量である。

一年生の担任は村山富子先生。まだ若い先生であった。

当時の様子を同級生の磯崎政明さんは、このように語っている。

「この年の先生は村山富子先生で、授業時間に金井耕地のレンゲ田に行き、図画（写生）や体育をやりました。

教室の図画では花びんを写生しました。……村山先生は服装、掃除などがきびしく、服のボタンがとれていたり外れていると、すぐに注意されました。

遠足は一年生が洞窟、二年生が大船の観音様でした。この頃は、アメリカの進駐軍がきていた為に衛生面がうるさく、ダニ防除のため、下腹や背中、頭へと手動式噴霧器で、ＤＤＴをかけられました。肝油の配給があり、赤、白、黄色とあり、アメ玉がわりに喜んで食べました」

（『千秀のあゆみ—創立百周年記念誌』一九七六年、千秀小学校）

この頃の校長先生は上原連先生。ちょうどぼくらが入学した時に豊田小学校の校長として赴任し、八年間校長を務めていたので、ぼくらは卒業式でも上原先生から卒業証書をもらうことになった。分校にもよく来てくれ、一緒にソフトボールやドッジボールをしたのを憶えている。

全体が戦後の民主主義教育を実践していたので、先生と生徒の関係も近かった。

当時、豊田小学校は「コア・カリキュラム教育」の研究校になっており、教科別の学習ではなく、「生活カリキュラム」という形で、生活の中で学ぶという形をとっていた。

例えば、理科で「魚」のことを学ぶ時には、実際に店に行き魚を見、その姿を観察して絵に描いたり、切り抜いて魚の模型をつくり、教室の中で魚の切り絵を魚に見立てて売り買いもした。そして、魚についての作文を書き、「かわいい魚屋さん」の唄をみんなで歌うという形で、魚をテーマにして、見学する（社会科）、絵を描く（図工）、魚について調べる（理科）、作文を書く（国語）、歌を唄う（音楽）というように総合的に学習をする授業を行っていた。

したがって磯崎さんが書いているように、よく地域へ出て、観察したり絵を描いたり、仕事を手伝ったりもしていた。

また、これまでの「学校後援会」も「ＰＴＡ」と名称が変わり「父母と教師の会」へと様変わりをした。

学用品や、学校の改造、運動場の整備の時などは地域の人たちが参加して協力もしていた。町内会費の中から学校設備費も出されていた。

また、地域の田んぼや野菜畑、山林なども生徒の学習場所、教材として活用されており、地域の人々も積極的に協力していた。

先程引用した『創立百周年記念誌』から、ぼくらより一年下の佐藤治子さんの「思い出」の文章も紹介しておきたい。

「周囲は田や山に囲まれたのどかな風景であった。教室は二教室しかなく、先生もたった二人。二学年一緒の授業は真中がカーテンで仕切られ、一人の先生が両方に顔を出しつつ教えるという光景であった。現在の英才教育からはあまりにもかけ離れた、のんきな授業であった。

情景というと校舎に接して教員宿舎があり、その前に紅葉の大木があった。

昼休みともなるとその木のねもとや、教員宿舎の縁側にこしかけ、ワイワイおしゃべりをしたものである。

狭い校庭のため、ドッジボールで一組が占領すれば、他の人達は鉄棒かスベリ台で遊ぶ他ないのである。

当時の児童数は一、二、三年あわせて四六人で、教師二人を加えて給食のパンの数が清水先生の年齢ほどであった。

この様な時代であったので、授業での思い出より校外活動の方が印象が深い。社会科の時間であったろうか、いなごとりに行った。はてしなく続く黄金色の稲穂。そのあぜ道には無数の〈いなご〉が飛び交っていた。袋いっぱいにつめこまれた〈いなご〉は次の日の給食のおかずになっていた。……あの人間性豊かな分校生活は、私の脳裏に強くやきついている」（『千秀のあゆみ』）

こうして当時の田谷分校時代を思い返すと、地域の風景や暮らしの中に溶け込んで子ども達が遊んでいたことが浮んでくる。

こうして牧歌的な田谷分校時代の学校の周辺に大きな変化が起こるのは、一九六〇（昭和三十五）年頃からである。

この頃の様子を、後に横浜環状南線の高速道路建設反対委員会の代表として活動する加藤嘉昭さんが、千秀小学校の『創立百二十周年記念誌』にこう書いている。

「それまでの地域の大きな変化として、道路の拡張が行われ、大面川の堤防の拡幅と道路としての使用のためトロッコで田谷から現在の金田橋まで、また県道から山までも拡幅され、学校の後ろの山がそのために削られました。新校舎が南側に建ったのは地盤の関係でした。前は二・六メートル、後ろは一・六メートルの松杭を打って建てたのです。

住友電工の買取で田谷（金井）の水田は大半がなくなり、工事のために山々が削られ、ダンプで土が運ばれ、道路は、雨の後は川のごとく、乾けば砂ぼこりの舞いたつすさまじいものでよく我慢できたものだと思われます。

手絞りの洗濯機の活躍した時代でした。

終戦後から住友電工の埋め立て終了までの期間は学校にとっても、地域にとっても実に多難の時代であり、戦後の復興と人口の増加が物資不足の時代を経て、あらゆる形で無理な対応を迫られたように思います」（『千秀―創立百二十周年記念』一九九六年、千秀小学校）

加藤嘉昭さんが書かれるように、一九五〇年代の半ばから始まった高度経済成長政策は、これまで田園地帯や山林地帯であったところを次々と開発、重工業、化学工業の拠点として作りあげ、第一次産業が破壊されていった時期になる。

田谷を中心にした長尾台、金井といった地域は豊田地区と言われ、神奈川県内でも有数の農業地区で、若い後継者も揃っており、農業専用地区として、用水確保などの改良事業も行われ、貴重な水田耕作地であった。

この広大な農業専用地のど真中に、住友電工が移ってくることになったのである。

そのために道路の拡幅工事も行われ、田谷の農村風景は一変していくのである。

この当時の様子を小説にしたのが、田谷の農民で、初代町内会会長、長生会会長を務めた石川伊之助さんの長男、石川幾太郎さんである。一九六二（昭和三十七）年に『農村挽歌』というタイトルで甲陽書房から出版されている。

この小説の推薦文を書いた農民作家、和田傳さんは、このように書いている。

「昭和三十四年ごろから石川君のむらには大工場が進出しはじめ、むらの生活も農業も急変しはじめた。場所がら大資本の農村浸蝕の第一波をかぶることになり、水田は工場と化し、畑は住宅と変わって、石川君の家のすぐ裏までその波は寄せてきており、家宅はやがてそのなかに埋没してしまうのである。この〈農村挽歌〉は、こうした環境の中から生まれた作品である」

この作品を書いた時、石川さんは三十八歳の青年農民作家であった。

石川幾太郎さんも、その後長生会の会長をしているが、昨年九十三歳で亡くなられた。

田谷の歴史と風土に学ぶ

こうした経済背景の中で、水田の多くは買いとられ、巨大な工場が建つことになり、田んぼの中にあった「亀甲山《かめのこやま》」も崩された。

三角形のキレイな山で、この山には天照皇大神の社があり、四月五日に亀甲山山頂で祭りがあった。この山には鶴が舞い降り、信仰の山でもあったが、この開発工事でなくなってしまった。近くの原宿には横浜ドリームランドが開園（一九六四年）し、近くに巨大な品川団地（一九六五年）も完成し、人口は一気に増大した。

こうした状況の中で、田谷分校を独立させようという動きが加速したのである。

その時の主な理由は次のようなものであった。

「一、もともと独立校であった。

一、本校（豊田小学校）までの通学距離が遠く、久保橋の無人踏切が危険である。
一、現状では人口増加は微々たるものであるが、いずれは（人口が増加し）独立に追い込まれる。
一、本校べったりの本校尊重型意識、逆を言えば分校劣等型意識からのがれられない」

（『千秀のあゆみ―創立百周年記念誌』）

こうした動きの中で、田谷分校で学び、田谷分校で教員になった浅野和枝さんは、当時の内田長十郎校長に、こう強く発言したという。

「先生の立場から見ても、分校の子が本校へ行った時、片隅の方に小さくなっている姿を見るのはつらい。先生同士でも、分校の先生が本校へ行った場合には、自分の机（教員室の机、椅子）もなく、本校の先生との間に違和感がある」

内田校長は、こうした先生方の声、また地域からの独立への要望に応える形で横浜市の教育委員会へも田谷分校独立への要望を提出し、一九六六（昭和四十一）年に豊田小学校から独立することになったのである。

そして、独立した小学校の名称をどうするかという時に、明治時代に田谷の住民が命名した「千秀小学校」とすることに決まったという。この校名の由来はハッキリはしていないのだが、当時の村人が未来を担う子ども達の場をつくるにあたり、教育の理想として、衆に秀でた有為の人材を養成する場としての願いを込めて校名にしたと考えられている。

当時の子ども達は、先生から「千に秀でたりっぱな人間、千秀の名にはじない人になりなさい」と言われていたという。

ぼくが小学生の時には、田谷分校としかわからず、かつて「千秀小学校」であったということも知らなかったので、千秀小学校独立の話を聞いた時には驚いたのを憶えている。

現在、千秀小学校が建っている場所は、ぼくの子どもの頃には小高い山で「上の原」と呼ばれていた。

山道を登ると上に出るが、そこは畑になっていて何軒かの農家が耕作をしていた。

そこは風通しもよく、見晴らしもよいので、ぼくらはよく凧を上げに、この上の原へ登っていた。この小高い山が切り崩され、敷地されて、そこに立派な千秀小学校が建設されたのは一九七一（昭和四十六）年のことである。

ぼくはこの頃、横浜の日雇労働者の街、寿町で生活相談員をしており、地域とは余り関わりがもてなかった。

それから十数年たった一九八五年頃、今度は残された田谷の農地に巨大なインタージャンクションを作り、高速道路の拠点にするという話がもち上がったのである。

農家を中心に反対運動が始まったのだが、これは地域全体の問題だとして、田谷町内会とも話し合い、「新設道路建設反対委員会」が発足することになった。

先にも述べたが、加藤嘉昭さんが代表となり、石川幾太郎さんをはじめ、多くの住民が参加し、ぼくも環境部会の委員として参加した。

そして、地域の方々の思いを互いに語り合い知り合うための連続講座を行うことにした。

それが「田谷の歴史と風土に学ぶ」というシリーズで、農家の方や町内会の方などの話を聞くことにしたのである。

一九九一年のことである。

この時の五人の方々の話は手づくりの冊子にまとめてあるのだが、目次を見ると次の通り。

> 田谷の歴史と風土に学ぶ　新設道路建設反対委員会・環境部会
> 一、町民に親しまれた一〇〇年の歴史　伊藤国一（スーパー伊藤店主）
> 一、田谷にはこんな歴史がありました　矢島佐吉（田谷長生会会長）
> 一、田谷の農地は俺たちの手で　矢島聡（若い農業後継者）
> 一、田谷の四季―自然と子ども達のあそび　米山ミネ子（主婦・六十九歳）
> 一、わが町・田谷を語る　磯崎幸雄（田谷町内会会長）

この冊子の「はじめに」で委員長の加藤嘉昭さんは、こう述べている。

「皆様が郷土を愛し、お互いの交流を大切にして、今日まで平和な暮らしを守ってこられた貴重な記録をここに綴って、これからの結束のために〈身にふりかかる火の粉〉を払うべく、過ぎた昔を、そしてこれからの将来を思い計って、子ども達のためになるよりよい環境を残しておくことの重要性を、私ももっと勉強したいと思っております」

また、「あとがき」で環境部の多々良清孝さんはこう書いている。

「貴重な読み物ができた。東京からこの地に来て二八年になるが、田谷のなりわいについて全く関心がなく、知ろうともしなかったが、反対運動に関わってから、いわゆる〈地の人〉とも挨拶を交わすようになった。（……）

以前は東京が恋しくてならなかったのだが、今は、春ならば新緑が、夏ならば稲のビロードの青さが、秋ならば黄金色の稲穂が、冬ならば木々の褐色が迎えてくれる。頭がスッキリとする。何といいところに住んでいるのかと。（……）

こっちは化石の森ではなく、自然の森なのだ。

昔から人が汗水たらして耕地をつくったのであり､歴史がある。田畑は一朝一夕には出来まい。食料不足になったとき、さあすぐ米をつくれと言われても出来るものではない。

今や一致して住民は田谷を愛し、守らねばなるまい。大げさに言えば、これは日本を愛することになると確信する」

この冊子は一九九三年三月に刊行された。

あれから二十数年が経過した。加藤嘉昭さんも多々良清孝さんも、伊藤国一さん、矢島佐吉さん、磯崎幸雄さんも亡くなった。

そして高速道計画は進んでいる。千秀小学校のある地域の何度目かの試練の時が来ている。

4　まちに「共生」の種子を蒔く

「笑顔・楽しく」の復刊

田谷長生会の会報「笑顔・楽しく」が、昨年（二〇一六年）の十二月にようやく復刊された。

二年前まで長生会の会長として活動されていた秋岡英男さんが病気のため、会長をやめられ、川副栄一さんが会長を引き受けて現在までやってきていたのだが、充分な引き継ぎが出来ないままだったため、会報の発行も中断したままであった。

昨年の総会や定例会の席でも何度か会報を発行したいという話は出るのだが、誰がやるかというところで止まってしまっていた。

ぼくも何とかお手伝いしたいと考えていたのだが、沖縄での「子ども貧困実態調査」も続いていたし、出かける予定も多かったので中々言いだせなかったのだが、復刊の準備号をとりあえずやってみましょうかと提案し、妻の晴美に写真撮影を頼み、長生会の行事にはできるだけ参加をし、記録をとってきたのであった。

本格的には今年の四月の総会で担当者や予算なども決めスタートすることにして、とりあえずの準備号に着手したのであった。

Ａ４版の四頁というコンパクトなものだが写真をたくさん入れて発行することにした。復刊一号の表紙には、昨年十一月に行われた田谷歴史散歩の写真を入れ、下段には川副会長の「長生会会報の復刊によせて」という文章を載せた。

「平成二八年（二〇一六年）も、まもなく終わろうとしています。長生会の皆様、この一年いかがでしたか。あれから一年半。やっと「笑顔・楽しく」を皆様にお届けできるようになり、とても嬉しく思っています。はじめは年に三〜四回の発行をして、定期的に継続して発行できるようにすること。

そして一日も早く会員の皆様から投書やいろいろな原稿、俳句、川柳などの「投稿」をいただけるようになりたいと思っています。その日を信じて今その第一歩を踏み出します。また原稿が多く集まるためには、記事になるような日常生活が活発であること。これが必要なのではないでしょうか。

皆さんと何か書きたくなるように頑張りましょう。これが私の決意のようなものです。再発行を皆さんと共に喜びたいと思います」

そして、二頁目には、田谷歴史散歩の様子を写真と文章でまとめ、三頁目には二〇一六年をふり返るというテーマで、お花見会や健康体操、そして防災や一年間取り組んできた公園掃除の様子を写真と文章で紹介し、最後の四頁目には、これからの予定と、長生会の役員の一覧表をまとめて記入した。

このような簡単なものだったが、定例会で配布し目を通してもらった。そうすると、人名の間違いや文章の訂正など何人かの方々から指摘をいただき、さっそく修正した上で、川副会長と横浜市立千秀小学校を訪ねた。会報を小学校で印刷していただけないかを相談に伺ったのであった。

秋岡前会長が小学校で印刷してもらっていたらしいという話を聞いたのでお願いに行ったのだが、市川校長はすぐ対応してくれ、担当してくださる先生と印刷室へ行き、百部の印刷をすることができた。

「百部ぐらいでしたらすぐですから、いつでも言ってきて下さい。やってあげますよ」と実に気軽に話していただき、印刷中も雑談で楽しかった。

そして、十二月二十五日に長生会としては初めて行ったクリスマス会で参加した方々に復刊一号の会報を配布し、各組の組長さんから会員へ配布してもらうことができたのであった。

こうして第一号が発行されると、昨年に亡くなった会員のことを載せたらどうかという意見があった。そこで、九十代で亡くなったお二人の方の追悼文をどなたかに書いてもらおうと思い、定例会でお願いしたのだが、中々難しそうなので、ぼくはそのお二人の家へ連絡をし、今年（二〇一七年）の一月二十二日にお訪ねしたのであった。

いきなり長生会の会報に載せたいので訪問するというのも失礼なので、まず二人のご家族へ手紙を出し、その中に復刊一号の「笑顔・楽しく」も同封し、ぼく自身の自己紹介と今回の第二号への掲載趣旨も書き、その後に電話を入れたのであった。

午前中に、ぼくは吉野彦二さん宅をお訪ねした。若い頃はぼくもこの田谷に住んでいたので顔見知りは多かったのだが、職場が寿生活館や児童相談所、大学などのためこの町以外での仕事が多かったので、地域とは疎遠になっていた。その上、六十歳からの十四年間は沖縄に住んでいたので、浦島太郎が故郷に帰ってきた気分でもあった。

吉野さんのお宅を訪ねるとキチンと片付き吉野彦二さんの奥さんのエミ子さん（八十九歳）が待っていて下さった。

ご霊前にお参りをし、ぼくの書いた本をお渡しする。息子さんの勇治さん、和子さんご夫妻も出てこられ、思いもかけず楽しい語らいの場となった。

彦二さんは一九二三年（大正十二年）の生まれで九十三歳。定年までずっと国鉄に勤めていたという。全国各地を廻ったが、横須賀や東京の汐留、有楽町が長かったという。

中でも有楽町では改札を担当し、ラッシュアワーは大変だったと話していたという。

彦二さんはまじめな方で、定年後にボイラーの資格を取り、田谷に出来た「ラドン温泉」のボイラーマンを長年にわたってやっていたという。八十歳を超えて足を悪くし、圧迫骨折で入院もし、最近は「ケアポート田谷」のデイサービスに通うのが楽しみだったという。

奥さんも足が悪く外出がままならず、長生会はやめたとのこと。

息子さん夫妻とも話が弾み、またお訪ねをすることにした。

もう一人の石川幾太郎さん宅には、ぼくは妻と一緒にお訪ねした。一町五反の大きな農地をもつ田谷を代表する農家。

息子さんの嘉一郎・いずみさんご夫妻とお会いした。奥さんのタエさんは入院中。

幾太郎さんは農業の仕事と共に詩人、歌人そして農民作家としても知られていた。また近隣の小中学校、さらに高等学校の生徒への農業の実習指導も長年してこられた方であった。さらに秋岡英男会長の前の長生会の会長でもあった方である。

伺ってみると、幾太郎さんも一九二三年生まれで、吉野彦二さんとは千秀小学校の同級生であることがわかった。

しかも石川幾太郎さんは六月二日生まれ。生まれて三か月後の九月一日に関東大震災が起こっている。

石川幾太郎さんは、農業団体の役員や保護司、県立高校のＰＴＡ連合会の会長もされていた方であった。

嘉一郎さんご夫妻からは、高速道路がつくられることによって農業の水路が壊れ、農業が続けられなくなるのではないかという心配も伺った。

改めて長生会の大先輩を失ったことの大きさをぼくは感じていた。

そして二月には「笑顔・楽しく」の第二号を発行した。

表紙には長生会のクリスマス会の記念写真。そして、今年の一月二十五日に行われた新年会の時の加藤重雄町内会会長の挨拶を載せた。

そして、二面、三面には吉野さん、石川さんの写真とこれまでのお仕事の紹介を載せ、四面にはサークル紹介の⑴として「カラオケ部」の様子と写真を掲載し、四月二十五日に行われる総会までの長生会の行事や日程を入れてある。

こうして田谷長生会のささやかな交流のための広報誌が生まれ、全ての高齢者に届けられれば新たな動きも始まるかもしれない。

老人クラブの改革

昨年（二〇一六年）、ぼくの住んでいる牧歌的な田谷とは対象的な地域である湘南桂台地域の「桂台地域ケアプラザ」での学習会に呼んでいただいた。

この地域は、横浜の南西部で鎌倉市と接し、ＪＲの大船駅、本郷台駅、港南台駅から、いずれも直線距離三キロほどの場所でバスの便もよい。一九七〇年代の都市開発でこの地域は一気に住宅地に変わり人口も増えた。

横浜の田園調布と呼ばれるほど文化的にも恵まれた生活環境であったが、それから四十年余りの年月が経過し、多くの団地建設のラッシュ地域と同じように高齢化が進み、成長した子ども達は他の町へ出て行き、高齢世帯や独居世帯が増えたと言われている。

こうした状況の中で老人クラブの改革を行い、現在も五百名近い会員を集め、活発な活動をしている地域として知られている。

ぼくは、田谷の長生会をこれからどうしたらよいかと考えていた時であり、その集まりで出会った、この地域の老人クラブで中心的に活動している方々と会いたいと思い、昨年の暮れにお会いし、いろいろと体験談を伺った。

お会いした方のお一人の竹谷康生さんは、大手企業の研究機関で各地を廻っておられた方で、退職後町内会（自治会）の会長として活動し、その後老人クラブに参加し、桂台地区の老人クラブの会長を務めた。そして、その時に参加者も少なく不活発であった老人クラブを活性化させた方である。現在は、横浜市栄区のシニアクラブ連合会の会長で八十歳。

その日、竹谷さんから伺った話と、この地域を研究された横浜市立大学の（故）村橋克彦先生の書かれた文章を参考にして、以下まとめてみたい（『横浜まちづくり市民活動の歴史と現状』村橋克彦編、学文社）。

この地域は現在も住民運動が盛んで、桂台地域ケアプラザを利用して福祉活動を行っている団体は、二〇〇七年度で約百二十もある。

主な活動団体は「湘南桂台自治体」、高齢者の活動団体「桂山クラブ」、「湘南台子ども会」、福祉活動団体「グループ桂台」の四団体。

自治会の創設は一九七七年。現在の世帯数は一五八五戸。特別委員会として「まちづくり委員会」がある。

ほぼ全員が流入住民で、住宅開発以前の地主・商店主はきわめて少数。

自治会員（世帯主）の平均年齢は、六十五歳を超えている。年金生活者の増加、世帯数の減少によって、商店街は衰退してきている。

この地域に老人クラブが生まれたのは、自治会創設の翌年、一九七八年。

その頃の名称は「桂友会」で二〇〇〇年に閉会している。二〇〇〇年当時の「桂友会」の会員数は九十五名。実際に参加している会員は三十名であった。

平均年齢は八十歳。そのため役員を選ぶのも大変であったという。

こうした状況の中で、老人クラブ活性化のために、二〇〇〇年三月に自治会に「シニアクラブ（仮）」設立準備委員会を設置し、九月までの六か月間「自由で開放的、かつ魅力的なシニアクラブをつくろう」をテーマに、十回を超える研究会、講演会を開催している。

さらに全戸を対象とした「高齢化社会に向けての意識調査」も行っている。

自治会主催のこの二つの取り組みによって地域の住民は、高齢化社会についてかなり関心をもつようになってきたという。

そして同年の十一月には会員数が倍増し一九六名となり、会員からの公募で名称も決定して「桂台クラブ」として正式発足をした。一年後に会員数は三〇七名となり、二年後から現在まで、会員数は四五〇名を超える盛況になっている。

このように会員数が四倍から五倍に拡大したのはどのような改革があったのかを聞くと、次のようなことがわかってきた。

従来の老人会組織が、行きづまっている原因を調べてみると、まず「名称」の変更が鍵であることがわかったという。

長寿社会になった現在、高齢者は体力もあり、年齢に対するイメージもずい分変わってきた。

例えば、現在では六十歳ぐらいでは老人という自覚はほとんどない。

また「老人」という名称には多くの人が抵抗があり、「老人会」が衰退していく原因となっている。そこで「シニアクラブ」と変更することでイメージは大きく変わってきたという。

名称によって固定したイメージと内容が定着して、参加しようという意欲を向上させることになったというのだ。

そしてもう一つは、指導者と責任者を分離し、役割を明確にしたことだという。

会員の趣味や関心、知識や経験のレベルの格差は大きく広がり、これまでのように少数の役員だけで全ての運営をしていては、これからの会員のニーズには対応できないことがわかってきた。

多くの人が参加できるためにメニューを増やそうと考えると、どうしても地域内の優れた人材や指導者を発見して、その方々の協力を得て、指導者として参加してもらうことが必要になる。

従来のグループ活動では、責任者が全てを取り仕切っていたのだが、それは難しかった。

桂台クラブでは、技術を指導するインストラクター（指導者）と、会場手配、会費徴収、会員・名簿の管理、器材の管理などを担当するマネージャー（責任者）をできるだけ分離しているという。

これによって、各グループ（サークル）の指導者は、人間関係や事務的な煩わしさから解放され、指導に専念できるようになる。

こうすると、外部の指導者を招くこともやりやすくなることになる。

シニア（老人）クラブに参加するのを渋る人の中には、指導者なら参加したいという人もあり、その人を中心に趣味やスポーツなどの同好者を集めることも可能になるという。

シニアクラブ（老人クラブ）は、受け身の参加、教えてもらう、指導してもらうという参加形態から、自らが主体的に参加し、指導し自らがつくりあげていく喜びが生まれてくる。

そうなると、シニアクラブのサークルでは、参加者の知恵を集め、活動の内容を工夫していける楽しみが湧いてくることになるというのだ。

桂台クラブの場が「終生の楽しみの場」「終生の学習の場」「終生の健康づくりの場」「終生の交流の場」になるように考え、それを目標にしているのだという。

桂台クラブ（シニアクラブ）は、次の六つを理念としているという。

(1) 遊ぶ　(2) 学ぶ　(3) 仲間づくり　(4) 健康づくり　(5) 社会奉仕　(6) 地域交流

さらに参加者のニーズに合わせて幾つかの工夫をしているという。

元気な参加者には「文化、スポーツサークル」を準備し、活発な活動をつくりあげていく。

また、消極的な参加者には、「トーキングサークル」をつくり、さまざまな学習会を準備する。音楽や絵画、軽い運動、社会勉強、文学など。

さらに「コミュニティ・カフェ（サロン）」の準備もする。お茶を呑みつつおしゃべりをするという内容に惹かれてくる人もいる。

現在の桂台クラブの主なサークルを列挙してみると、このようになる。

「文化部」〝料理、音楽サロン、絵画、書の会、史蹟めぐりの会、麻雀交友会、パソコン、初心者囲碁、トーキング、お茶を楽しむ会、昭和史友の会、写真を楽しむ会、音楽を楽しむ会〟

「スポーツ部」〝ハイキング、ウォーキング、ゴルフ、ソフトボール、卓球、ゲートボール、太極拳、水泳、シニア健康体操、ヨガ〟

最後に、桂台クラブの課題を伺ってみた。

(1)　会員の固定化と高齢化——より魅力的で活気溢れる桂台クラブを目指し、終生参加できる楽しい会にすることを目指す。

(2) 団塊世代の受け入れ――この世代の特徴は、理屈っぽく理論的。理論的な学習、対話をすることも含めていくことが必要。

(3) 役員の固定化と長期化――会長以下の役員の任期を、一期二年で連続二期までとする。役員をできるだけ多くの人に経験してもらうようにしていく。

(4) 組織の硬直化――誰もが参加できる組織にする。実務面ではパソコン技術は必須。

(5) メニューの陳腐化――終生の会員を目指すシニアクラブにおいては、メニューを常に作り直す必要がある。

(6) 基盤事業の安定化――桂台クラブの運営費は、45%が会員の会費。18%が自治会からの補助金。36%が事業収入。年会費は年間一五〇〇円。

自力による収入を確実にしていく必要がある。

竹谷康生さんの話を伺いながら、まずは、桂台クラブやその他の取り組みを町内の人々と勉強する学習会をし、高齢社会や田谷のまちづくりのためのアンケートを取り、その結果を公表し、何かやりたいことを提案してもらい、一つ一つの集まりにつなげていきたいと思った。

知る・考える・つなげる

先日、竹山康生さんから一冊の冊子を送っていただいた。竹山さんも参加していた「よこはま地域づくり大学校」のまとめである。

タイトルは『みんなが幸せになるための地域づくりの知恵袋』(NPO法人、市民セクターよこはま、二〇一四年)。

この冊子では「地域づくりの五つのステップ」がまとめられている。

ここで述べられている五つのステップは「知る」「考える」「つなげる」「動く」「拡げる」となっている。

この五つの要素は、ぼくも考えていたことなので納得することが多かった。この要素の中から中心的なコンセプトをまとめてみると次のようになる。

「知る」〝土地には魂があり、まちづくりをするにあたっては素材を生かさないと、ただの作りものになってしまう〟〝まず最初に手がけたことは、全戸にアンケートを配布し、住民意識を調査することでした〟〝人が集まれば情報が集まり、活動が始まる〟〝近隣交流の積み重ねでお互いを知る〟

「考える」〝どんなまちにしたいか、住民が自ら考え、話し合う〟〝解決策は、きっとある〟〝自治会以外の別組織で取り組む〟〝中、長期で事業を計画する〟

「つなげる」〝地域の一人ひとりに直接声をかけて仲間を集め、活動につなげる〟〝ただの情報を、心のこもったメッセージに変える〟

「動く」〝動きつつ、考える〟〝役割分担を決めて、行動〟

「拡げる」〝取り組みが順調に進んできたら、より広域へ、また社会的な制度へと拡げる〟

この冊子を拡げながら、ここには文字通り「地域づくりの知恵」がつまっているなァと思った。

基本的には田谷という地域の中で、老人クラブを軸にして地域づくりをしたいと考えているのだが、当然、行政や社会福祉協議会などとの協力や連携も必要になる。

少しずつ顔見知りになっていきたいと思っていたところ、栄区の社会福祉協議会の職員の方々と出会うことになった。

横浜市栄区は、旧戸塚区から分離して昨年で三十周年を迎えた。

区制三十周年の記念行事が行われたのだが、その時の統一テーマは「感謝・つながる・夢」とされ、昨年から五年計画の「第Ⅲ期地域福祉保健計画」をつくっている。

そのテーマも「さかえ・つながるプラン」となっており、「誰もが身近な地域で安心して暮らしていくことができる地域づくり」をすると書かれている。

田谷の町も、この方針のもとで地域づくりをしていくので、この地域福祉保健計画は大切な指針となってくる。

そこで先日、この指針をいただいてきて読んでみた。

すると、第Ⅰ期、第Ⅱ期の「さかえ・つながるプラン」では、次の七つの方針に沿って取り組んできたとされている。

その七つの基本方針は「担い手の発掘・育成」「情報の受発信」「健康・生きがいづくり」「交流の場づくり」「生活環境の向上」「高齢者・障害者等支援」「次世代育成・支援」となっており、この流れの中で第Ⅲ期には「栄区らしい共生社会づくり」を目指すとしている。

そして現在の区民意識調査の結果も紹介されている。

それによると「道で会えば挨拶くらいする」と答えた人が47・2%とのこと。また「一緒に買い物に行ったり、気の合った人と親しくしている」「困ったとき相談したり助け合ったりする」などやや密接な関わりのあるつながりは、13・9%。

さらに、今のつながりについて、ほぼ全ての世代で約七割の人が「お互いに干渉したり気を使ったりしないで暮らしやすい」と答えており、「親密な人間関係があって暮らしやすい」という人は10%前後。

「自治会、町内会の活動への参加」は38・6%。「盆踊りや祭り、運動会などへの参加」も17・4%という状況で、世代別でみると、二十歳代の人は、地域活動について「特にない」が70%。三十〜四十歳代でも「特にない」が一番多いと報告されている。

こうしてみてくると、栄区も全体としては近郊都市としての感覚に近く、地域や身近な人々とのつながりも薄くなっているような気がする。戦争や災害の経験もあるぼくら高齢世代は、地域の人々との関係の大切さを身にしみて感じている世代だという気がする。

長生会の会員の年齢を五十五歳位まで引き下げ、共に生きる地域、田谷をつくりあげていく小さな試みを、ぼくは少しずつ始めたいなと思っている。

安心できる地域の暮らしは、何にも替えがたい財産だという気が、ぼくの中では膨らんでいる。今こそ地域に「共生」の種子を蒔く時だと思えてきた。

5 学び合いから暮らしづくりへ

市民による学びと交流の会

二〇一七年三月四日の土曜日。

久しぶりの快晴の中、ぼくは午前八時過ぎに家を出て、京浜急行の金沢八景駅のすぐ近くにある横浜市立大学に向かった。

駅の改札口を出ると、駅前は大規模な工事が行われており、工事用の車輌やトラクターなどが並んでいる。

地下道をくぐって駅の裏側に出ると、何とここもまた工事中であった。

かつてこの辺りは小高い丘陵地で、一面緑に覆われていた。

さらにワラ葺き屋根の古民家も並ぶ細い道であったが、古民家もなくなっており、切り崩された平地には、土砂を運ぶダンプカーや、さまざまな機械類が置かれていた。

中でも、ぼくらが慣れ親しんでいた大きな古民家があり、そこでは陶芸工房があり、俳句や短歌などを学ぶ教室や、お茶会なども行われていた。

かっぷくのいい木村隆男さんというご主人が、いつも奥の間に座っていて、来訪者の相手をしてくれていたが、こうした光景は消えていた。

十数年間、ぼくは沖縄で暮らしていて、大学を訪ねることがなかったのだが、自然環境はかなり変わってしまった。

大学の守衛さんに挨拶をして、中央のいちょう並木を歩いていくと、懐かしい大きな時計台がある。そこを左に曲がると見覚えのあるビデオホールと大会議室のある校舎がある。

この日、ぼくらは「泰山塾」（市民による学びと交流の会）の第四回目の集まりを、この大会議室で行うことになっていた。

この大会議室は七十席が用意され、そこでは大学の教授会が行われていて、ぼくには懐かしい教室であった。

開催時間にはまだ少し早かったが、会場の準備をしていると、「おはようございます」という女性の声が聴こえた。

金沢区の市民活動をしている榊山さんと帳佐さん、お二人の姿が目にとび込んでくる。

お互いに年を重ねたけれど、すぐに分かった。

ぼくが横浜市大の教員になったのは一九九二年。今からもう二十五年ほども前になる。

その頃に出会った方々である。

当時、学校になじめず、登校できず、家にひきこもってしまう中学生が注目されるようになり、家庭でも学校でもどう対応してよいのか考えあぐねていた時であった。

そのことを心配した民生児童委員や保護司の方々が中心になり、区役所や保健所などとも相談して、「不登校児の現状と対応策」についての連続講座が金沢保健所を会場に行われたのであった。ぼくにも声がかかり、八回ほどの連続講座が開かれ、心理学者や、医師、弁護士、先生方が講師に立ち、ぼくも最後のまとめに、児童相談所の対応や、その背景などについて話すことになった。

参加者の中には、不登校の子どもを抱えた母親もおり、このような集まりを続けてほしいという要望も出された。

榊山さんや、当時民生児童委員であった井深且子さんたちが中心になって、市民がこのような講座や相談会をやろうと声をかけ、自主的な学習会がスタートしたのであった。

その頃、「思春期問題研究会」という名称で始めたのだが、毎週行われるようになると、人の数も多くなり「金沢虹の会」と名付けられ、活動が活発になっていった。

当初は、悩んでいる母親が中心で、それを支援する民生児童委員や保護司、ボランティアの方々が集まって、ぼくもその一員として参加していたのだが、やがて、子どもたちが集まれる場「フリースペース」もつくられ、食事を一緒に作ったり、ゲームや勉強をやったりする集まりができ、横浜市大の学生たちが参加してくれるようになった。

さらに「父親《おやじ》の会」も生まれ、市民同士が交流し支援し合う輪に成長したのだった。

この集まりにぼくも十年ほど関わった後、二〇〇二年にぼくは沖縄へ行くことになり、昨年横浜へ戻ってきたのだが、「金沢虹の会」は「フレンドリースペース金沢」と名称も変え、金沢区の支援を受けて現在も活動を続けていた。

昨年ぼくは、この活動の学習会に参加させてもらい、「地域で育つ子どもたち」という話をしたのであった。

そこから、当時の方々とのつながりが再スタートしたのであった。

「泰山塾」は当初、沖縄大学を卒業して横浜や関東で働いている仲間たちが集まり、お互いに学び合い、支え合う集まりをつくろうということになり「沖縄大学横浜分校」の名でスタートすることにしていたのだが、その準備会に横浜市大、和光大学、北星余市高校などの卒業生や市民の方々も集まることになり、関心のある方全てに開かれた「市民による学びと交流の会」(泰山塾)とすることになったのであった。

一年余りの準備会を経て、昨年四月に第一回の泰山塾を開催し、今回で四回目となったのだが、ほぼ一年を経過したので、この日を一周年の記念集会として、少し広くに知らせたのだった。

そして、午前と午後に分け、午前中はこれまでの泰山塾の経過説明と、その目的などについて説明し、昼食をはさんで午後は参加者からの自由報告、発表をしてくれるよう依頼したのであった。

この日の泰山塾は、午前、午後の参加者を合わせると約五十名の参加があり、市民交流のスタートができたかなという気がしている。

ぼく自身の大学教員としての経験は大きく見ると三つある。

一つは、和光大学の非常勤講師の体験が約二十年。そして横浜市立大学での十年余りの教員としての体験。

さらに沖縄大学での十年余りの体験と三つの大学に関わってきたということになる。

和光大学は、自由な実験大学としてスタートしており、教育学者の梅根悟先生が初代の学長を務められた。

大学での学びは校舎の中だけで行うのではなく、地域に出かけ、そこで暮らす人々と共に学び合うことが大切であるとして「移動市民大学」の実践を和光大学は行っている。

また横浜市立大学は、戦後すぐに始まった「鎌倉アカデミア」に、その源流がある。

鎌倉アカデミアは、戦後の新しい学びの場をつくろうと、市民と学者、研究者による協同でスタートし、会場は光明寺というお寺であった。

この実験学校は、財政難のため短命に終わったのだが、この理念を受け継いだのが横浜市立大学の文理学部である。

鎌倉アカデミアの校長であった、哲学者の三枝博音先生は、後に横浜市立大学の学長として新たな大学のあり方を示された方であった。

そして、戦後の混乱期の中で誕生した沖縄大学は「人材の育成」こそ教育の基本だという考え方でスタートし、「地域に根ざし、地域に学び、地域と共に生きる開かれた大学」を基本理念として、学びの場をつくってきたところである。

沖縄大学を支えてきた、沖縄現代史の研究者、新崎盛暉先生は、自ら学ぶ主体性のある学生を育てることに情熱を注いだ方である。

また、この沖縄大学の理念に共鳴されて、東京大学から沖縄大学に移ってこられた公害原論の宇井純先生は、「学びとは学ぶ側が、学びたいことを主体的に学んでいくもの」つまり「自主講座こそ、学びの本質である」と言われている。

幸運にも、ぼくはこの三つのユニークな大学で学ばせてもらってきた。

いま大学から離れ、一人の市民となったのだが、こうした学びの場は、誰にとっても必要なものではないかと考えている。

できれば市民が主体的に学び合う場を、小さくても作りたいと夢みてきた。

そこでは「エリート」を育てるのではなくて、それぞれの生活の場での「キーパーソン」になってほしいと思っている。

自分で考え、行動できる自立した市民となることを目指す、学びと交流の場。それが「泰山塾」の目的であり、そうした試みが各地で生まれつながることが、ぼくの夢である。

世間のルールと空気を読む

第四回泰山塾は、午前十一時に始まり、最初にぼくから「泰山塾」の説明をした後、参加者全員の自己紹介をお願いした。

そこでまず驚いたのは、参加者の中に、ぼくが横浜市大の教員時代の学長を務めておられた梅田誠先生がおられたことであった。梅田先生は横浜市大医学部の教授で、学長に選出された方であった。

柔らかなもの腰で、大学の運営に当たっておられたのだが、大学の往復の電車の中でお会いすると、きさくに話しかけていただき、ぼくの中でも強く印象に残っている方であった。

梅田先生は、横浜市大の医学部の学生時代に、三枝博音先生の授業を受けていたという話を自己紹介の中で話された。

ぼくにとっては書物の中でしか知らない方であったが、梅田先生と三枝博音先生がつながっていたことが心に響いてくる。

人と人とのつながりが、次の世代に受け渡されていくことに感動すら覚えた。

また、この日には神奈川県立保健福祉大学の河幹夫先生も参加されていた。

河さんは長年にわたって厚生省の職員として勤務され、各種の福祉法を実際に立案していた方である。

ぼくが横浜市大の教員の頃、河さんに何度か授業や講演会に来ていただき、新しい法制度の成立過程や、その内容について話していただいたことがある。

また、厚生省と労働省が合併され「厚労省」になる年に、厚生省の役割を検討する委員会が立ち上げられ、ぼくもその一員に選ばれ、六か月ほどの審議会が行われ参加したのだが、河さんはその中心におられた。

神奈川県立の保健福祉大学が設立され、初代学長に阿部志郎さんが就任した時、河幹夫さんは教員として赴任するよう声をかけられ五五歳で厚生省を退職し、学生を育てる教育者の道に入られたのだという。

河さんは、今年の三月末で大学を退官するとのことで、顔を見せていただいたのだが、懐かしくうれしかった。

この日は、横浜市大や和光大学、沖縄大学の卒業生たちも本当に久しぶりに会え、近況を聞くことができた。

また、さまざまな場面で出会ってきた市民の方々とも再会でき感激した。

こうして、昼食もはさみつつ、全員の自己紹介も行われ、午後からは、参加者からの意見発表が行われた。

三人の方の報告があったのだが、一つは長年にわたって定時制高校の教員を勤め、後半は障がい児の施設や学級で教員と指導員をされてきた佐藤安さんの「インクルーシイブ教育」の発表であった。

神奈川県では、長洲一二知事の時に開花した「共育（共に学び、共に育ち合う）」運動の提唱と、その後の変化と問題点。

そして、もう一つは、茅ヶ崎にある里山を、地域の方々と、自然と共に生きる空間づくりしようとしている活動への思いを、施設職員の鈴木卓さんが報告してくれた。

鈴木さんは和光大学の卒業生で、地域共同体やコミュニティの再生に関心があり、土や緑、動植物との共生の中で実現したいと考えているのだということであった。

近く、長野県の共働学舎のドキュメンタリー映画を地域の方々と、その里山を会場にやりたいという報告であった。

そして、その上映会をキッカケに、里山の活用と、共同の暮らしづくりを模索したいということであった。

さらにもう一つの報告は、かつて「金沢虹の会」にも参加していた、河原玄武君。あの頃、なぜ学校に行けなかったのか。なぜ学校に違和感をもっていたのかを整理し「空気とは何か」というテーマで、わかり易い文章にまとめて報告してくれたのだった。

ぼくは、まだ若い河原君が、自らの内面の問題をシッカリと見つめ、自分の体験と感性で解き明かしての報告に正直感動していた。

まず河原君は「空気が読める」とよく言われる言葉の内容を考えていく。

そして「空気とは、世間を構成する五つのルールのうち、いくつかだけが機能している状態、あるいは、世間を構成するルールのいくつかが欠けたもの」と定義している。

「世間」とは、人が生きていく上で共通に行うべきことが暗黙のうちに合意されている内容、ルールのようなもので、「公共性」に近い。

したがって、「世間」が自分を守ってくれるのであれば、世間のルールを守り従っていくことになる。

河原君は、この「世間のルール」には五つあると考えている。

世間のルール(1)　贈与・互酬の関係

・お互いさま、もちつもたれつ、もらったものは必ず返すといった相互関係。

世間のルール(2)　長幼の秩序

・年上か年下かという区別を示し、年上の人の命令には従うという関係のシステム。

世間のルール(3)　共通の時間意識

・世間の一員として受け入れられるためには、同じ時間を過ごすことが必要になる。

・共通の時間意識とは、個人ではなく集団として生きていくという関係である。

世間のルール(4)　差別的で排他的

・自分の所属する世間のルールを破った時は、差別され、排除されるという厳しい現実がある。

世間のルール(5)　神秘性（儀式性）

・伝統的な集団には、昔から行われてきた「しきたり」や「伝統」「迷信」「行ってはいけない場やこと」がある。

また、その儀式に参加することが世間の一員であると認められる。

河原君は、このルール(1)から(3)までは世間の基本原理で、(4)と(5)はその結果であるという。

そして、日本における世間の代表的なものが「地域共同体」と「会社」「学校」であると考えている。

これらの世間がぼくらを守り支えてくれる存在であれば、ぼくらはその世間を大切にし、守っていくはずである。

つまり、世間は経済的・精神的なセーフティネットであったということになる。

しかし、戦後社会の変化の中で、村落共同体は崩壊し、地域共同体となったが、経済的な意味でのつながりを必要としなくなってしまった。

その代わりに登場したのが「会社」。しかし、日本の会社にあった「終身雇用」も「年功序列」も「実力主義」や「成果主義」といったグローバル化の波の中で崩壊してしまい、会社は経済的にも精神的にもセーフティネットではなくなってしまった。

会社という世間（共同体）が不安定になったことで、家庭という共同体も不安定になってしまっているのが現代。つまり、世間という存在は急速に壊れ始め、支えてくれる安定した「世間」はなくなってしまった。

そこで、せめて自分を支えてくれる「空気」がほしくなり、場の空気を探り、従おうとするようになっている。これが河原玄武君の報告の内容であった。

共同体の喪失と暮らしづくり

ぼくは、泰山塾の終わった翌日から晴美と一緒に一週間沖縄へ行った。

三月六日（月曜日）に行われた「沖縄県子ども貧困調査」の二年目の報告会に参加するためであった。

今回の調査では、家庭の経済状況が進路や生活に与える影響などを調べた「高校生調査」が行われ、その中間発表会であった。

今回の調査は、二〇一六年十一月二十一日から十二月二日にかけて、沖縄の県立高校六五校の二年生の半数（七二八九名）と、その保護者を対象に行い、四〇二一世帯（59・1％）から有効回答を得ている。

その結果、困窮世帯は29・1％（約三割）。困窮層の高校生はアルバイトなどの就労経験が非困窮層より18・2ポイント高い47・1％で、使い道は「家計の足し」が33・7％を占めている。

学校行事や昼食代、交通費に充てる割合も高く、家計を助けながら、学校生活の必要経費を自力で賄っている厳しい現実が浮きぼりになった。

こうした状況の中では、学力があっても、また大学進学を希望しても実際には進学することはできず、就職していかざるを得ない実態が見えてくる。

今回の調査では、高校生自身と、保護者に自由に記入できる欄をつくり、内容を公開することも伝えたのだが、ビッシリと記入されていて驚いた。

その自由記述の要約を次に引用しておく。

まず、高校生自身の声には次のようなものがある。

「県外の国立大学志望。母は仕事を掛けもちして土日も働き、私の大学費用と兄の予備校費用を稼ぐ。私もバイトで大学費用を貯金中」

「貧乏人は大学行くなってことにしか受け止められない」

「奨学金を借りても返せるか、とても不安」

「どうにか、返さなくてもいい奨学金を作って」

「家が苦しく、夢は諦めて就職しないといけないかも。沖縄を変えられる人材が経済的理由でつぶされているのはもったいない」

「何も心配なく生活したい」

「進学してやりたいことがあるけれど、進学を諦める、やりたいこととは違うものをする子が多い。ひとり親で、そういう人が多い」

「親に無理させてまで夢を叶えたいのかわからない」

「皆にチャンスを同等に与える教育を。学力だけでは測れない人材は必ずいる」

保護者の自由記述も少し引用する。

「大学に進学させたいが入学金がない。塾に行かせられないが、本人は努力して成績はとてもよいので、親として情けない」

「私も苦しい家で育った。夢を諦めた。わが子には自分の夢を諦めないで進んでほしい」

「子どもたちが進学していけばいくほど借金が増え、絶望的な気持ちになる」

「可能性を諦めさせないために、親は一日も休まず働きつづけて学校へお金を払っている」

「児童手当や医療費など、小さい時の支援はあるが、お金がかかるのは中学生になってから」

「制服や副教材代、給食、弁当代、部活動費、修学旅行費など支出が多く厳しい」

ぼくは、沖縄の高校生の実態調査を担当した沖縄県子ども総合研究所の一員として、主に自由記述の内容を読んでいたのだが、記入した高校二年生の言葉一つ一つが胸にこたえた。

それは、高校生の一人ひとりが、こんな社会はおかしい、今の社会を変えたいと考え、訴え、そして主張している気がしたからである。

単なるアンケートとして、気持ちを聞くだけでなく、高校生自身が自らの声を出し合い、仲間と話し合い、どう生きたいのか、何をしてほしいのかをハッキリと表現し合うことが必要だと思えた。

高校二年生の男子生徒は、学校が終わると居酒屋のバイトに行き、午後十時に約四キロの夜道を歩いて帰る。そして翌朝は一時間以上歩いて通学しているという。

バスは使わないという。片道五百円のバス代はありえないと彼は言う。

彼は八十代の祖母と中学生の弟と三人暮らし。母親は県外に働きに出ており、年に数回しか帰宅しないという。

小遣いもプレゼントももらった記憶がない。

高校一年からバイトを始め、土日も含め週六日働いている。

彼は、学校で楽しいことはないと言う。

そして「卒業後も何となくバイト続けてるかもね」と笑う。

そして「高校で部活やれる人はエリートだよ。俺も普通の高校生がしたかったなァ」と言うのだ。

ぼくは、こうした高校生たちの実態を知っていく中で、河原玄武君の報告をくり返し考えていた。

河原君は、自分の存在を受け入れ、守ってくれる新たな世間、共同体をつくりたいと思っているはずだ。

けれども現実は、一人ひとりがバラバラにされ、国家や大企業がつくり出す、もう一つの世間がマスメディアを通して伝わってくる。

その結果が、経済的にも精神的にも極めて不安定な生活にぼくらは追い込まれてしまっているのだと思う。

沖縄の高校生だけでなく、高齢者も子どもたちも、多くの人々が属すべき共同体を失い苦しんでいる。

だとすれば、小さくても暮らしている現実の中から安心して暮らせる共同体（ぼくら自身の世間）をつくり出すこと。

今はそこからしか始まらないと感じる。

泰山塾の試みも、また田谷長生会の仲間づくりも、一人ひとりの声を受けとめ合う暮らしづくりのようにも思えてくる。

四月には泰山塾ではジックリと沖縄について語り合いたいし、田谷長生会では全員が思っていることを書き合えるようなアンケート調査もしたいと考えている。

きっと誰もが求めているものは共通ではないかと思えてならない。学び合いから暮らしづくりの一歩を着実に始めたい。

2018 年 9 月の公園愛護会のメンバー。何でも話せる茶話会も楽しみ。

6

小地域のコミューン構想

暮らしの場と老人クラブ

一つの場、一つの地域に暮らすということは簡単なことではないなァと感じている。暮らしの場で出合う一つ一つの出来ごと、そしてさまざまな人、さらに四季ごとに変化する自然や、生きもの、風土との日常的な関わりが暮らしをつくっていくので、そうした関係のつみ重ねが大きな意味を持ってくるのだなァと痛感させられている。

ぼくが沖縄から横浜に戻って、もう少しで二年になる。早いものだが、まだまだ生活圏である田谷という町の中で暮らしているという実感は少ない。

ぼくが沖縄大学の教員を辞めたのは二〇一四年三月末。それから約一年余り、ぼくは沖縄の南風原町津嘉山の借家に住んでいた。

それまでの沖縄での十年余りの生活の整理と引き継ぎにタップリ一年はかかった。ようやく、横浜への引っ越しが完了したのは翌年の二〇一五年六月のこと。

ぼくの借りていた借家は二階建ての一軒家で、その二階を使っていた。

それまで住んでいた高齢者夫妻が亡くなり空いていたので借りたのだが、二階は二つの空間に分かれていて、一方はぼくらの寝室とぼくの書斎として使い、もう一方は台所、トイレ、風呂、そして居間として使っていた。この時の引っ越しは、寝室と書斎だけとして、生活の中心であったもう一方はそのまま残し、借り続けることにした。

まだ、時々沖縄に来なければならないので、そのたびにホテルを借りるのは大変だったので、部屋代を半額にしていただき借りることにしていたのであった。

そして、その間、横浜の家の改装もしなければならなかった。

横浜の家も二階建てだったのだが、この間、長男夫妻と孫たち四人で暮らしていたので、一階と二階に分け、ぼくらが一階に、長男一家が二階に暮らすことになった。

そのため、二階にも台所、風呂場などを取り付け、間取りも大幅に変えることになった。

その工事も約一年かかり、ぼくらが戻るのに一年間という準備期間が必要であった。

二〇一六年二月には、沖縄の借家は完全に引き払い、横浜の家に全ての家財道具を運んだのだが、相当量の家具、書籍などを処分することになった。

引っ越しは暮らしの拠点を移動させることになり、かなりの整理が必要だった。

こうして暮らしの拠点が横浜の田谷の町に一応定着したのが約二年前。

これからはこの町の住民として生きることになるので、町内会に加入し、その年の盆踊りの時に、町内の老人クラブである「田谷長生会」に夫婦で加入することにした。

それからも、あちこち痛んでいた家の改装や物干し場の増築、お墓の改装など、住む空間の整備にも時間がかかったが、地域に定着するためには、地域組織に入る必要があると思い、老人クラブの集まりには参加することにした。

毎月二回、月はじめと月末に長生会の定例会がある。役員会と一般の会員も参加できる開かれた場であったが、ぼく以外は全て役員。

町内を幾つかの組に分け、その組長さんが参加していたが、いつも十数名の参加であった。

長生会のサークル活動には、グランドゴルフ部とカラオケ部、旅行部などがあるが、実質的な活動は、グランドゴルフとカラオケであった。

そして、もう一つ、田谷町内では唯一の集会所として「千秀センター」という横浜市の建物と公園があり、そこが町内会や長生会の会合場所になっており、公園には子どもたちが遊びに来たりキャンプをするのだが、雑草が生え、落ち葉もたまるので、長生会で掃除をすることに決め、川副栄一会長が中心になって、週一回の清掃活動がスタートした。

早朝一時間ほどの活動なのだが、参加者は平均すると四、五人ほど。

ぼくは長生会の中では若手に入るので、これに参加することにし、この一年余り作業をすることになった。

参加しているのは少数の高齢の女性が多く、男性は会長とぼくになってしまうので休めなくなったというのが実情ではあるが、いつのまにか、この公園清掃が終わっての、お茶を呑みつつの雑談が楽しくなってきていた。

また、通りがかる人も声をかけてくれたりして、いつのまにか十人ほどの人のつながりもできてきた。

したがって、長生会の年に一回の定期総会に参加したのは、二〇一六年（昨年）四月が初めてであった。

年間三十万円ほどの予算で、くり越し金を十万円ほどするので、実質は二十万円ほどの活動で、その中心は部活動なのだが、その予算の配分や使われ方について、さまざまな意見が出て、議事が混乱したこともあり、川副会長は、会長職を降りたいとまで言い出して、ぼくらもハラハラしていた。

川副さんは現在、八十二歳。

東京の出身で企業での仕事の後、さまざまなボランティア活動もされた方。

少年時代は新聞配達や牛乳配達もして家計を助けてきた人である。

したがって、誠実でまじめな方である。

それまで長生会の会長をされていた方が突然病気で倒れられ、後任が決まらない中、千秀小学校のすぐ隣りに住み、子どもたちの見守り活動やボランティア活動に熱心だった川副さんに白羽の矢が立った。人の良い川副さんはことわれず引き受けたというのだ。

そのため引き継ぎも充分でなく、手探りの中で町内を走り廻ってこられたという。

会員をつなぐ、会報紙「笑顔・楽しく」という広報ニュースも、前会長さんが倒れてから休刊になり、発行できずにおり、定例会のたびに、

「どなたか会報の担当をしてくれませんか」

と言われていた。

役員も会則では、副会長三人となっているけれど、実際には一人のみ。また、総務や広報の担当者もいない中で、川副さんが一人でやりくりしている姿を見ていると、何とか応援したいと思えてきて、試作品として、会報紙「笑顔・楽しく」の復刊を申し出て、昨年（二〇一六年）の十二月に第一号を作ってみた。

見開き四頁のA３版のものだが、川副さんも会員の皆さんも喜んでくれ、二月号、三月号と出し、今年（二〇一七年）四月の定期総会には第四号を発行することになっている。

こうして、この二年間をふり返ってみると暮らしの場である田谷町の中では、かろうじて長生会を通して細々と関係ができつつあるという段階である。

そしてまだ、沖縄との関係も色濃く残っていて、月に何回かは沖縄まで出掛けることも多く、横浜市内を中心としたさまざまな活動との交流も行われていて、一つの場、一つの地域と関わるということの難しさを感じている。

しかし、気持ちとしては、この四月から田谷の住民として生きたいと思い始めている。

地域が仕事の場

二〇一七年四月十六日（日曜日）の午後二時から千秀センターの会議室で田谷町内会の定期総会が開かれ、ぼくも参加した。

この一年の総括と決算報告、そして今年の事業計画と予算など型通りの議案が報告され了承された。

その後の懇親会にも参加したのだが、参加者は約四十名。来賓の小学校長や連合町内会長、市会議員と町内会役員、組長さんが中心で一般の住民は、長生会のメンバー数名だけであった。ぼくは長生会のメンバーとテーブルを囲み話し合っていたのだが、町内会のつみあげてきた雰囲気の中に中々入れないのを感じていた。

約四百世帯、二千人ほどの小さな町内だが、この地域でつながっていくには時間が必要だなァと思えてならなかった。

ぼく自身のこれまでの生活をふり返ってみても地域との関係は薄かったと思う。

沖縄での生活の中心は、大学という職場で、そこでの人間関係が中心だった。

それ以前の横浜市立大学という職場でも、そこでつながる関係機関が主な生活空間となっていた。

それ以前も、児童相談所、小学校など仕事場が中心であった。

唯一、地域とつながっていたのは、横浜の日雇労働者の街、寿町での生活であった。

職場は寿生活館であったが、住民の相談に乗ることが中心の仕事だったので、職場は寿町という地域そのものであった。

地域と仕事がつながったのは、総合的な生活相談の場であったなァと今になって気付かされる。

人間関係を築くには、一定の範囲と人数があるのかもしれないとも感じる。

果して、この小さな地方の町で、人の関係をつなげるコミュニティづくりは可能なのかどうか、ぼくは考えさせられていた。

もし町内会とか老人クラブが、地域の人たちの相談場所という役割を本格的に担うことになれば、それは寿生活館での業務と同じように地域そのものが仕事の場、活動の場となる。そんな夢が可能になるかどうか。

そして、その場合もどの位の規模であれば、こうした関係が成立するのかという適応範囲があるような気がしてならない。

そんなことを考えていた時、社会学者の見田宗介さんと大澤真幸さんの対談をまとめた本を見つけた（『〈わたし〉と〈みんな〉の社会学』左右社、二〇一七年）。

この本の中で、大澤さんは自然人類学者のロビン・ダンバーの社会脳仮説について説明している。

この仮説にはダンバー数というものが登場する。

「社会脳仮説というのは、動物の脳の大きさと（この脳を有する動物種が形成する）社会集団の規模の間には、正の相関関係がある、とする仮説です。……ダンバー数というのは、その社会集団の規模、つまり、ある動物が安定した関係を維持できる個体数の上限のことです」（前掲書29頁）

そして、その仮説から導かれる人間のダンバー数は一五〇、つまり人間集団として生きる適正規模は一五〇人だと言うのである。

例えば、狩猟採集民は一つのグループが、だいたい五十人位で、三つ位のグループが仲良く緊密な関係をもって暮らしていることが実証されているという。

しかも、このグループ内で争いが起こると、そのメンバーは別のグループに移動していくという。

こうした場合でも、メンバーは緊密な関係にある三つのグループの範囲で移動し、それ以外の集団にはほとんど行かないという。また、この仲のよい三つのグループ同士は同じ水源地を使用したり、共通の聖なる場所を持っているというのである。

その発言に対して見田さんはこう述べている。

「トルストイに〈人はどれだけの土地を必要とするか〉という話がありますが、人はどれだけの関係を必要とするかを考えると、そんなに多くの人に好かれる必要はない。……

例えば両親と子供二人の家族がいて、友人が数人いれば、それはすでに極めて幸せな人生です。先ほどの話のように一五〇人も人間関係があるのは相当ぜいたくな環境といえる。

この少人数をぼくは幸福のユニットと考えます」（前掲書34頁）

そう考えると関係性のモデルとしては、数人から一五〇人ほどの関係の中で、人間が生きられればよいということになる。

問題なのは、このユニットが他のユニットを攻撃したり破壊してはならないということだ。一定のユニット内の人間関係は安定したとしても他からの影響を受けると、内的な関係が崩れてしまう危険性がある。

こうした行為を防ぐためには、お互いに邪魔したり、攻撃しないためのユニット同士のルールづくりが必要になる。

つまり、ユニット同士が共存するためのルールづくり、これを見田さんは正義という形で表現している。

二十世紀における社会実験として知られる共産主義（コミュニズム）は、理想社会を目指す論理から発生したものだが、他のグループにもその理想を押しつけてしまった。「〈コミューン〉が〈コミュニズム〉に発展したのが問題だった。本当はコミューンにおける楽しい関係性とは局所的なもので、数人から数十人で楽しむのがちょうどいい。

一五〇人でも多すぎるかもしれない。

コミューンが大きくなりすぎると必ず失敗します」

「くり返しますが、幸福の単位は非常に小さいものである。そしてユニット間の関係はルールで決める。

幸福のユニットとその相互関係としての正義を二重構造で考えることが重要です。その二つを混同してしまったのが、共産主義の失敗だったと思います」（前掲書35頁）

見田宗介さんはこのように「コミューン」と「コミュニズム」を分けて考えている。

そして、コミューン間の関係性を大切にするためのルールというのは、お互いに他者を所有し支配しないということではないかという気がする。

他の個人または集団の存在を認め、共生共存していくことを確認すること。

例えば、全ての人間が生きていくための最低限の条件――食べる、寝る、住むなど――を満たすこと。

その生存条件を互いに認め合い保障し合い、そのうえでそれぞれのグループ、コミューンの特質や文化を尊重していくこと。

これができれば、地域社会で生きていくことに不安がなく、それぞれに自分（たち）らしく生きることができるかもしれない。

町内会や自治会、地域のさまざまな活動がこうしたルールと方法によってつながり合うことが可能な暮らしをつくり出すことができるだろうか。

伊豆大島独立構想

ぼくら夫婦はNPO法人の鎌倉演劇鑑賞会に入っていて、二か月に一回演劇を見に行っている。戦前の日本の軍国主義化の中で統制され萎縮していった演劇運動を、戦後は市民と共に「反戦平和」「反権力」の思想による舞台づくりをしようとする実践団体で、今年の六月は青年劇場による「みすてられた島」の上演をする。

作・演出は中津留章仁さん。

ポスターには、こう書かれている。

「敗戦直後に作られた、幻の〈大島憲法〉に想を得た近未来劇。突然の独立通告に揺れる一つの島を舞台に描く、この国の未来」

この中にある「大島憲法」とは、一九四五年のポツダム宣言時、日本の施政権を本州、北海道、九州及び四国に絞る方針が出され、一九四六年、米軍から伊豆大島の元村の村長に日本から切り離される旨が伝えられた。

その突然の知らせの中で、村長を中心に島民が集まり、島の独立を守るための準備が行われ、大島が独立した場合の憲法草案が作られたというのである。

しかし、それから五十日余り後の三月二十二日に、伊豆諸島は再び日本本土に復帰する行政処分が発令され、大島の独立及び大島憲法は幻に終わったという。

この幻の大島憲法を基に、未来のある日、突然日本から切り離され独立しなければならなくなった、ある小さな島の物語を上演しようというのである。

この作品のパンフレット作成グループの一員になったぼくは一つの論文を読むことになった。名古屋学院大学論集（社会科学篇）第四十九巻第四号の「伊豆大島独立構想と一九四六年暫定憲法」（筆者、榎澤幸広）。この論文によると、伊豆大島暫定憲法は、一九四六年一月下旬から三月二十二日の間に作成されたという。当時の伊豆大島の人口は一一〇〇〇人。当時は六つの村があり、その中の元村村長であった柳瀬善之助が中心になって準備を進めたとされている。

大島には水田がないため、まず米の問題から話は始まっている。

「参会者はいずれも沈痛の想を心中に秘め、拳で涙を押し拭い乍ら数時間にわたり真剣に熟議を遂げた」（『伊豆大島志考』立木猛治著）

二月一日の合同会議では「島内在住民の総意により民主主義の諸施策を自治的に行い、この過渡期及び将来に処して島民生活の安定をはかり、世界平和に寄与すべし」という申し合わせが決定されている。

そして、現在残っている原文を見てみる。

全体は三章二十三条から成り、第一章の統治権には「大島ノ統治権ハ島民ニ在リ」と書かれている。

また第二章の議会では「島民ノ総意ヲ凝集表示スル為メ大島議会ヲ設置ス」とされている。

ここには、島民全員参加の中で島の暮らしをつくっていくという「主権在民」の方針が明確に書き込まれている。

そして、その決定の場は議会であるとも読める。

この中心となった柳瀬善之助という人は、明治二十三年に元村に生まれ、高等小学校を卒業し、東京府立農村学校に学び、母校で十年間教鞭をとり、大島に戻ってからは郷土新聞（「島の新聞社」）を創立しタブロイド型の新聞を発行し続けている。そして村長をはじめ教育委員会委員長も務めている。

結局、大島で目指された憲法観は「自治能力のある島民による民主主義的な独立国家構想」であったということができる。

千人余りの島民が日本という国から切り離され、自分たちだけで生き抜いていくとしたらどうしたらよいのか。

伊豆大島の人々は、真剣に考え話し合い、そして具体的な独立国のルールをつくりあげたのである。

しかし、この事実は長い間知られないままできていた。ぼくもあらためて、その全文を読み、戦争直後にこれだけのことを考え、話し合っていた人々がいたことに驚かされ、これは決して過去のことではないと気付かされた。

話をぼくの住んでいる田谷町に戻すと、こうした基本方針をシッカリと打ち立てて、地域の人々が考え、真剣に町づくりができるかどうかを本気で考えたいなァと思っている。

長生会の会議は三月末と四月初旬に行われたのだが、川副会長は、この二年間を夢中でやってきて疲れ切っているので、誰かに代わってほしいと強く訴えられた。

長生会の仕事はやりたいが、会長としてやり続けることは苦しいというのだ。

会則にも役員の任期は二年とある。もちろん更新もできるのだが、体調のこともあり、推薦委員会でいろいろとお願いしてきたが、中々引き受け手がいない。

最後には、ぼくに引き受けてもらえないかという話になった。

いろいろ考えたけれど、ぼくの育ってきたこの田谷の町でぼくも人生の最後を迎えることになると思うし、何かの形で地域へのお返しをしたいと思い、引き受けることにした。

川副さんも副会長に残って、総務部長も兼務してくれるという。

現職の浅野和枝さんはそのまま副会長として文化活動、庶務を担当してくれ、これまで組長とカラオケ部をやってこられた山内良一さんが、田谷町の北部を担当する副会長に就任してくれることになった。

副会長三人体制が整い、会計担当の斉藤勝之さんと五人で、役員会議ができそうだ。

二〇一七年四月二十五日（火曜日）は、いよいよ田谷長生会の定期総会を迎える。

総会で会長に選任されたら、町内の高齢者が安心して暮らせ、交流できる地域づくりをしたいという基本方針を提案し、誰もが安心して集まれ、相談できる拠点づくりを、町内会と共につくっていきたいという考えを発表するつもりでいる。

小さな地域コミューンの連合による、新たな町づくり、地域づくりの一滴となれたらいいな、と思ってもいる。また、一九四七年以降に生まれた団塊の世代の人々が、次々と高齢化し、退職する時期でもある。これまで企業で活躍してきた世代が地域コミュニティ（コミューン）で、新しい担い手として活動できる仕組みもつくり出してみたいと思っている。誰もが困難を抱え高齢化する時代。

一緒に手を取り合って生き抜きたい。

7 脱成長時代の生き方・暮らし方

なぜ加害行為をしてしまうのか

二〇一七年五月四日（木曜日）、いじめや不登校の問題の解決策を考える「三浦半島市民サミット」が横須賀芸術劇場で行われた。

特にいじめの問題は、行政や国による「いじめの防止対策推進法」（二〇一三年六月二十八日）など、さまざまな対策が立てられても状況が変わっていかないという現実があり、横須賀を中心に活動を続けている「子ども若者応援団」のメンバーが主体となって、二〇一五年十一月頃から準備を進めてきたものであった。

この日は、四市一町（横須賀市、鎌倉市、逗子市、三浦市、葉山町）で子どもの支援活動をしている市民グループなどでつくる「いじめ、不登校解決市民サミット実行委員会」の主催で三つのサミットが行われた。

第一部は、吉田雄人・横須賀市長、松尾崇・鎌倉市長、杉山実・三浦市副市長、村松雅・逗子市教育長、返町和久・葉山町教育長と、いじめ、不登校で苦しんできた二人の市民（篠原宏明さん、島根三枝子さん）を交じえ、率直な話し合いが行われた。ぼくはこの第一部サミットの議長役だったので、率直にそれぞれの方々の「子ども時代の体験」や「現在の子ども観」について語っていただき、篠原さん、島根さんにも体験談を語っていただいた。篠原さんは、今から七年前に中学生の息子さん真矢《まや》君をいじめによる自死で失っている。当時、真矢君は十四歳であった。

今回のサミットの一年前、二〇一六年三月には今回のための準備会議が行われ、その時に、父親の篠原宏明さんが体験談を報告されている。

その中で、自死した息子さんの残した遺書を読み上げている。真矢君はこう書いている。

「お父さん、お母さん、お兄さん、おばあちゃん、先立つことをどうかお許しください。

俺は『困っている人を助ける。人の役に立ち優しくする』それだけを目標に生きてきました。

でも現実は人に迷惑ばかりかけて、A君（友だちの名）のことも守れなかった……

それに俺には想い出が多すぎました。

こんな俺が人並みに生きて、友だちを作って、人生を過ごして生きていく、そんなことがあっていいはずは無いんです。

俺がいて不幸になる人は大勢いる。

それと同時に、俺が死んで喜ぶ人も大勢いるはずです。でも俺は友達をいじめたB、C、D、E（加害生徒四人の名）を決して許すつもりはありません。

奴らは、たとえ死人となっても必ず復讐《ふくしゅう》します。

でもこの十四年間楽しいこともたくさんありました。春は桜が出会いを運び、夏は花火が夜空に消えて、秋はもみじが空を染め上げ、冬は白雪が乾いた心を潤す。

季節が過ぎていく中で色々ありました。

それが全ての思い出となって心に残っています。家族のみんなにお願いがあります。

一つは、自分たちをどうか責めないでください。俺が死ぬのは家族のせいではありません。俺自身と友達をいじめた連中が悪いんです。大丈夫、ある日は日の光となり、ある時は雨となって、あなたたちの心の中で生きていきます。だから哀しまずに、俺の死を糧として、全力で生きていってください。

二つ目は、俺の臓器が無事だったら、それを売ってお金にしたり、お婆ちゃんやお爺ちゃんの治療に使ってください。

それが俺に出来る唯一の罪滅ぼしだから……そして、赤、青のバッティンググローブは形見としてください。今まで本当にありがとうございました。そしてさようなら。

『君がため、尽くす心は水の泡
　消えにしあとは　澄み渡る空』

この遺書を読むと、真矢君の優しさが伝わってきて、このような少年を失ったことの辛さ悲しさを、ヒシヒシと感じる。

真矢君は、小学校時代からの友人が、四人の加害者によっていじめられているのを知って、それをとめようとして間に入ったことから、真矢君がいじめの対象にされてしまったとされている。ご両親の思いはいかばかりかと思うのだが、宏明さんはこう述べている。

「いじめの問題は、被害生徒を学校全体でチームとして守ってほしいと思います。そして、もう一つ重要なのは、なぜ加害生徒がいじめをするのかということです。加害行為をする生徒には、さまざまなプレッシャーがかかっているのではないかと思います。勉強もっと頑張れ、スポーツで優勝しろ、中には居場所のない生徒、不安や孤独の中にいる生徒もいると思うのです。

いじめられたくないと思えば、やられる前にやってしまえと加害行為になるかもしれません。加害生徒に寄り添うということは、よく言われるのですが、加害生徒がなぜ加害行為をしてしまうのかに注目してほしいということです。何が加害へと向かわせてしまうのか、その要因を排除してほしいのです。〈あなたは一人じゃない、孤独じゃないよ〉〈頑張りすぎなくていいよ、強がらなくても、みんなが認めているよ〉とわからせてほしいのです。

そして、シッカリと〈自分がされて嫌なことは、人にしてはならないこと〉も伝えてほしいのです」

こうした篠原さんの発言を受けて、第一部のサミットでは、「加害者がいなければ、被害者も生まれない」という発想が参加者の中にも定着したように思えた。

いじめの加害者が、もし学校や家庭の中で不安やストレスを抱え悩んでいるのだとすれば、それを解決し、いやしてくれる場や関係をつくっていくことが必要になる。

かつては、こうした不安やストレスを発散し、いやしてくれる地域があり、さまざまな大人と出会い、自然や動物と触れ合い、一緒に遊ぶことで、仲間や自然、さまざまな人間関係の中で生きる意欲や、励ましを受けてきた生活空間があった。しかし、今はないのではないか。

第二部のサミットでは、各地の子ども支援活動の実践の報告と交流が行われた。

家族や学校とはちがった生活空間と仲間たちの中で一緒に暮らす体験をしながら、元気を取り戻し、仲間に優しくなっていく様子が次々と報告され、家族、学校、地域や関係機関、団体が協力して、安心して子ども達が生きていかれる地域コミュニティをつくっていこうという方向性が明確にされてきたように思う。

第三部では、ネプチューンの、横須賀出身の堀内健さんと、小・中・高校生が一緒に語り合うサミットで集会は終了した。

そして、この日の宣言には、「私たちは、いじめ、不登校の解決を学校にまかせるのでなく、子どもを包み込む地域を実現し、苦しいいじめや不登校などで苦しむ子どもと共に生きる新たな地域関係をつくりあげていきます」と書かれていた。

同世代による相互扶助

田谷長生会（老人クラブ）の二〇一七年度の定期総会の日が来た。四月二十五日（火曜日）は快晴であった。

開会は午前十一時だったが、会場の準備もあるので、妻の晴美と午前十時半には会場の横浜市千秀センターに着く。

中には、もう何人かの先輩の方々が来ていて、毎年のことなので、机の配置、資料の準備などをしてくれている。

参加者は三十五名ほど。来賓の方、数名を合わせても四十数名ということで、テーブルを配置する。

副会長の浅野和枝さんが花束を抱えてきてくれ、花を生けてくれる。

キチンと礼服の方も何人かいたが、多くの方々は通常の服装なので安心した。

町内会の総会の時は、役員は全員礼服だったし、背広にネクタイ姿で緊張したのだが、ぼくも背広だけはもっていき、総会が始まってから着ることで不自然ではなかった。

開会の挨拶は山内良一副会長。司会、議長は浅野和枝副会長。お二人共、長年、関わっているのでスムーズに進み、前年度の事業報告、決算報告も無事に済み、いよいよ第四号議案、本年度の役員人事（案）、組織体制（案）の提案となる。

緊張していたのだが、司会の浅野さんがぼくの名を呼んで、「新しい会長さんです。よろしいですね」ということで決まってしまった。

地域の老人クラブの役員には中々なる人がおらず、人選にも苦労したが、いざその役をするとなると、いろいろと大変だと聞いていた。新任の挨拶をすることになる。

「ぼくは一九四一年生まれで、現在七十五歳です。生まれは東京ですが、父の実家がこの田谷町で、戦後はずっとこの町で育ちました。

千秀小学校が豊田小学校の田谷分校だった時の卒業生です。

横浜市の小学校教員をした後、横浜市の職員をして、二〇〇二年に妻と沖縄へ行き、昨年田谷に戻ってきました。

長生会では、毎月の定例会と週一回の公園掃除に参加してきました。昨年から、長生会の会報（笑顔・楽しく）の編集をしています。

長生会の役員はやったことがありませんので分からないことだらけです。

役員の皆さんや、会員の方々に教えていただきながらやっていきますので、よろしくお願いします」

挨拶がすむと、第五号議案、本年度の事業計画案、第六号議案、予算案それぞれの承認ということになった。

まず、本年度の事業計画について報告する。

ここで、ぼくは役員会で何度か検討してもらった中から次の四つの提案をした。

> (1)　本年度の基本方針
>
> • 町内の高齢者が安心して暮らせ、相互交流ができる地域づくり、長生会づくりをめざします。

(2)　本年度の活動方針

・会員名簿を作成し、連絡網と連絡体制をしっかりと作ります（そのため、会報の定期発行、配布を行います）。
・会員及び町内のアンケート調査を行い、取り組むべき課題（ニーズ）を把握します。
・定例会では、学びたいこと、楽しいことなど、参加しやすい内容で交流を深めます。
・来年（二〇一八年）は、長生会が発足して五十五周年に当たりますので、記念になるような企画を計画します。
・誰もが健康で暮らせるよう、お互いの見守りや、健康づくりに取り組みます。

(3)　本年度の部活動について

・グランドゴルフ、カラオケ、文化部、友愛活動など、それぞれの部活動の一層の発展をめざします。
・本年度は、公園清掃部を新たに発足させ、町内の方々と協力して環境問題に取り組みます。
・会報「笑顔・楽しく」の定期発行と配布を通して、広報部の新設をめざします。

(4)　その他の検討事項

・田谷町内会等と協力して、田谷町内に独自の集会場（田谷町内会館、ケアプラザなど）を新設、または増設し、集まり、体操、コピー、ＦＡＸ、印刷、会議などができるよう提案していきます。

・長生会の活動を通して「会則」を見直し、現状に合った内容にしていきます。

こうした活動や事業を行っていくために予算はどうなっているかという予算案については、会計担当の斉藤勝之さんが提案してくれた。

まず、収入なのだが、その中心は会員の会費となっている。現在、会員は七十二名。一年間の会費は一二〇〇円（一か月、百円）。そうすると、会費収入は、七万二〇〇〇円となる。これだけでは、ほとんど活動できないのだが、横浜市の老人クラブ連合会から約九万円の助成金が出る。そして、田谷町内会からの補助もあり、何とか年間三十万円ほどが資金となっている。

田谷町の人口は一四四二名。そのうち、六十五歳以上の高齢者の数は、二〇一六年三月末で、四一六人となっている。

高齢化率は、28・8％ということになる。

長生会の会員になっていただいた七十二名の方々の年齢を調べてみると、七十代と八十代の方が圧倒的に多かった。

六十代（二名）、七十代（三八名）、八十代（二六名）、九十代（六名）という分布。

六十代の方々は、まだ仕事をしている人も多く、まだ高齢者とか老人という意識はない。

七十代の方も前半は少ないが、七十代後半になると入会する人が増えている。

八十代の後半になると、体調が悪い方もあるが、それを乗り越えた九十代の方が六人も参加してくれている。

今回の定期総会で乾杯の音頭をとってくれた米山武男さんは九十四歳。カラオケ部の集まりにも欠かさず出席し、大声を出して歌ってくれている。耳は少し遠いが、机の片付けや掃除までやってくれる方である。

団塊の世代と言われる一九四七年以降生まれの人々は第一次ベビーブームに生まれ、いよいよ今年から七十代に入ることになる。

作家の五木寛之さんは、一九三二年生まれだが、こうした高齢化時代を見つめて、『新老人の思想』(幻冬舎新書、二〇一三年刊)という本を出版している。

この中で五木さんは、「新老人と呼ばれる新しいタイプの高齢者は、体力、気力、能力も衰えておらず、これまでの経験や技術を生かして地域活動などに役立てることがあるはずの新人類である」と言う。

こうした層の新老人は、社会的立場からは解放されている上に、エネルギーがまだあり、リタイア感もなく、活動意欲もある人々である。

四人に一人が高齢者といわれる時代は、やがて国民の大半が高齢者になるとさえ言われている。

これまでは、若い世代が高齢者を支えなければならない厳しい時代だと言われてきたが、こうした状況を考えれば、高齢者同士、つまり同世代で相互扶助をしていくことが必要になる。その意味では、新しい世紀に入りつつあるというのが五木さんの指摘なのである。

ぼく自身が高齢者の問題に関わろうとした背景には、こうした思いもあった。

生き方の転換点

家庭や学校の中で、子ども達がいじめや不登校で苦しんでいる現実と、高齢者が介護やケア、救済の対象とされ、将来の展望を失っている状況が、ぼくの中では全然別なものではなく、共通の時代背景の中の現象のように思われてならない。

そこに共通しているのは資本主義社会の生き方とその行方に対する不安だという気がしてならない。

資本主義の中心思想は、収益を重視するというシステムである。

中産階級が急激に減少し、失業率が高まり、少数の資本家による市場の占有化がここまで進んでしまうと、最大多数の最大幸福という民主主義の平等主義は成立する余地がなく、経済格差は拡大し、二極化して、一方には経営層の巨大化が進み、一方には低賃金の労働者が拡大していくことになる。

地方の商店街では、巨大な大商店が進出して追い出され、個人経営者は廃業に追い込まれている。少数の経営者がより一層生産をあげるシステムは、技術革新しかない、と言われている。しかし、技術が進めば、一部の技術者以外はいらなくなり、大量の失業者が生まれることは明らかである。

ピケティが言うように、巨大な資本集中に対する世界的な累進課税が行われれば、富の再分配が可能になるのだが、世界の大資本がその選択をすることは、かなり難しい。

となれば、資本主義以外の生き方と展望をぼくら自身がめざす他はないと思う。

誰もが現在は、目に見える価値、つまり経済的な価値を求め、より多く収入を得るために競争し合っている社会である。

その競争社会と落ちこぼれるのではないかという不安やストレスの中で、子ども達は、他者への加害（いじめ）や、自らの内側にひきこもること（不登校）にならざるを得ないのではないか。

もし、目には見えないもの、つまり経済的以外の価値に気付けば、そこから新たな生き方や展望が見えてくるはずである。世界的な大量生産、大量消費社会が先の見えない状況に入ってしまっているとしたら、どこに展望を見出したらよいのかという課題である。

資本主義ではないとすると、「脱成長の社会（時代）」ということにでもなろうか。

大量のモノやお金はなくとも、つつましくても豊かで安心できる社会や暮らしは可能なのかというのが、次への展望となる。

例えば、環境を大切にするエコロジカルな生活スタイルをつくり、自然と共存していくこと。交通量を削減して、暮らしている場で自給自治的な生活ができるシステムづくりをする。

地域社会の中でお互いが支え合い、共に協力して生きていけるようにすることが可能であれば、競争などする必要はなく、自分のできることをすることと、自分にはできないことをしてもらうことで互酬性が成り立っていく。

協同社会が、もう一つのモデルとなってくるはずである。食べものの不安があるので、農業や漁業はどこの地域でも再生してくるはずである。

また、住宅や家具の材料としての林業も復活してくるように思う。

使い捨てるのではなく、再活用する、再利用する暮らし方も見直されるはずである。

そして何よりも、モノよりも時間の共有が大切であることに、ぼくらは気付くことになると思う。

こうした価値観に変わってくると、「私（私たち）が欲しいものは、私（私たち）がつくる」という主体的な生き方も蘇ってくるような気がする。

受動的な消費しかできない私（私たち）から、自ら関わり、作り、交換するという生き方が生まれ、相互に信頼し合う関係こそが一番安心で大切なものであったと気付くこともできる。

組織や制度、構造ができて豊かになったと思っていたけれど、幸せにはならなかったという実感が資本主義にはつきまとっていた。いつも何かが奪われ、失われるのではないかという不安があり、一人ぼっちになるのではないかという恐怖感のあった競争社会。そこから、信頼し共有し合える安心感と幸福感が湧いてくる生き方への転換。

こう考えてみると、本当に幸せになるには自分が暮らしているコミュニティ（生活圏）をつくることなのではないかと気付かされてくる。

ぼくらは、いつの間にか雇用され誰がやっても同じ結果がでるように仕事をすることが当然と思わされるようになってしまってきた。

能率よく、誰がやっても同じことをする機械のように働くことが当然と思ってきてしまった自分自身。

人間は、考えてみれば、社会の中で生まれ、社会の中で育ち、そして人と人との関係を結びながら一生を生きていく存在である。共に働き、共に作り、共に生きていくことが不可欠の存在であった。一人ひとりが顔を合わせ、一緒に働き、対話し、互いに助け合っていく。

こうした時間を過ごすことを、ぼくらは求めていたし、大切にしなければいけなかったと思う。

それが、いつのまにか収益をあげること、もうけることに全ての価値を置いてしまい、「いのちよりも金」の方が大切と思うまでになってしまった社会。それが資本主義だったのではないか。

いじめによって自死していった子ども達は、「優しい心が一番大切だよ」と言い残している。

ぼくは、こうした価値観、生き方の大きな転換点に立っているように思われてならない。

ぼくらは一人だけで生きているのではなく、隣り近所の方、クラスの友だち、サークルや仕事の仲間たちと日々暮らしている。そうした仲間たち、隣人たちと心を許し合い、信頼して生きていけるとすれば、それが一番大切なことなのではないかと思う。そのためには、自分が本当に思っていること、望んでいること、嫌なことなどを率直に話し合い、意見を聞き合い、話し合って納得できたことを一緒にやっていく。

そうした新しい時代の、共同性、共同体社会を小さくても着実につくっていくことだと思う。

ぼくの住む、田谷町の中で、まず高齢者のグループ、長生会では、一人ひとりの声を聞くアンケートを始めることにした。

ここから何が始まるのか、ぼくら自身も手探りで一歩一歩と歩き始めたいと思っている。

8 コミュニティ・ワーカーと自治会

時間・空間・時間の喪失

昨年ぼくが出版した『貧困児童—子どもの貧困からの脱出』(創英社)という本がキッカケで、各地の勉強会に声をかけられ、参加することが多くなった。

さまざまな報道で、子どもの貧困が拡大しており、厳しい生活状況の中で苦しんでいるということは知るのだが、近所を見廻してもそんなに大変な子の姿が目に入らないという声も、そうした集まりでよく聞く。

六人に一人が貧困というデータも実感がないというのだ。

けれども、さまざまな事情で学校に行けなくなってしまった子や、仲間外れになったり、いじめられ孤立している子の実態は目にすることも多い。

そういう場合でも、家庭でシッカリ育てていない親がいけないのだとか、家庭や親の責任だと指摘する声もよく聞く。

貧困や育てにくさは、結局は個々の家庭に問題があるという「自己責任論」や「あまやかしている」という結論になってしまいがちなこともわかってきた。

しかし、何とかしたいと考える地域の方々も多いし、子どもの貧困問題の背景や対策について考えたいという熱心な方々も多い。

ぼくの住んでいる田谷町も入っている豊田地区では数年前から「豊田地域支え合い連絡会」がつくられ、その中に「子どもネットワーク委員会」が誕生し、「学童期の子どもの居場所づくり勉強会」が始まっている。

その集まりに参加してほしいと声をかけられ、豊田地区ケアプラザでの準備会に参加した。青少年指導員の方や民生児童委員、主任児童委員の方や子ども会の方など二十名余りが集まり、それぞれの体験や、やりたいことなどのお話を伺った。

子どもといえば、ぼくらの子どもの頃には学校から帰れば、家の手伝いか近所の子どもたちと群れて遊ぶのが日常であった。

ところが今は、帰ってきても家からは余り外に出ず、ゲームやテレビに集中しているか、塾や習いごとに行く程度で、外でワイワイと騒ぐ子どもの姿を見ることはないという。子どもが自由に使える時間も空間（場）もまた仲間もいないという「三つの間（時間、空間、仲間）」のない「三間」喪失の時代になってしまい、子どもたちが順調に成長していくのか心配だというのである。

そこで、子どもたちが安心して集まり、遊べたり休める居場所をつくりたいというのが参加者の声であった。

制度としては放課後の居場所として「児童館」とか「学童クラブ」があるのだが、横浜市には児童館はない。

その代わり、放課後の小学校を使って「浜っ子スクール」とか「キッズ」という子どもの場が作られている。

しかし、さまざまな問題を抱えた子どもや悩みをもった子ども、貧困の子どもたちへの対応には重点が置かれているわけではなく、子どもたちにまかされてしまっており、活気もないのが現状のようだ。

子どもネットワーク委員会では、まちから離れている田谷の千秀センターで月に一回「のびのび」という幼児の居場所を作り、メンバーが来てくれているということであった。

このことをぼくも知らなかったので、今度参加してみたいと思っているのだが、幼児の集まりと母親の交流の会にしているということであった。

そこで今度は、学童期（小学生、中学生）の居場所を作りたいというのだ。

「子ども食堂」なども考えているようだが、食事もとれない子がいるのか、またいたとしても来てくれるのか心配で学習会を企画したというのである。

第一回の勉強会は七月三日に行われるのだが、テーマは「豊田で作ろう、みんなのたまり場」で、ぼくが沖縄での体験を中心に話すことにした。

また、川崎市の生涯学習講座でも「子どもの貧困を考える—地域ができること」のテーマで五回の連続講座を行うことになっており、首都大学東京の小田川章子さん、NHKチーフプロデューサーの板垣淑子さん、川崎ふれあい館の原千代子さん、豊島子どもWAKUWAKUネットワークの栗林知絵子さんと一緒に、地域での取り組みについてぼくも話させてもらうことになっている。

こうした動きと並行して、ぼくは二度にわたる沖縄の子ども貧困調査のまとめと、沖縄県の対策について総括した報告書づくりに参加していた。

今年の八月には『沖縄子どもの貧困白書』(かもがわ出版)が出版されるのだが、その中で、ぼくはこれからの地域が担うべき一つの方向性を沖縄をモデルとして提出したいと思っている。

それは、貧困対策という暮らしづくりは、地域と行政、民間団体が一緒になって、つまり協働して行うことではじめて実現できるのだということを示すということだと思っている。

しかも、その中心は、子どもと家族を包み込む地域社会(コミュニティ)がその基本にあるという確信とつながっている。

先日、横浜のNPO法人フォーラム・アソシエが主催した「食でつながる、ゆる〜い絆」というフォーラムに参加した。

生活クラブ(生活協同組合)から出発したアソシエでは一年前に「おるた家族食堂」を作り、身近なところでは言えないような本音が出せる居場所を作ろうと、誰でも来られる気楽な食堂をつくり、その経験から子育てに困難を抱えた家族の来られる場にもなってきて、そこでの相互の支え合いを今後どう展開し、拡げていくかを模索する場としてフォーラムは開かれ、熱心な討論が行われた。

その夜には、ぼくは沖縄へ行き、翌日の「第八回九州沖縄地区子ども支援ネットワーク交流学習会」の今年の第一回実行委員会に参加した。

この集まりは、二〇〇七年十月に第一回を開催している。

この年、沖縄では数年間の準備を経て、沖縄県内で子どもに関わる諸団体、グループ、市民が集まり、沖縄でどのように子どもを育てていくのか、子どもが自ら育つ力をどう応援するのかを考え合い、交流していくことを目的に、その後十年間続き『沖縄子ども白書』（ボーダーインク、二〇一〇年）という本にまとめる活動をしてきた。

そして同年に沖縄の内部だけでなく、本土の人たちとも連携していこうということで、最も近い九州（特に福岡の方々）とのつながりを通して交流をする学習会が生まれたのだった。

九州の同和教育でつみ重ねてきた、子どもの人権、学習権保障の実践は沖縄にとって、とても参考になり、十回以後も継続することになったのであった。

コミュニティ・ワーカーの役割

沖縄県高等学校教職員組合会館で開かれた実行委員会には県内各地の市民団体が多く集まったのだが、今回は浦添市陽迎橋自治会での実践報告が心に響いた。

五年前に自治会長になった知花聡さんは、もともとは生活協同組合の活動家。その後、自分の子どもが学童クラブに入ったことから学童保育の保護者会に参加、そして沖縄県学童保育連絡協議会の会長まで務めた方である。

そして、数年前、自治会の会長となり、気になる子どもたちの受け皿に地元自治会がなれないかと考え、実践をはじめたのである。

そして今年、その成果と課題をまとめた報告書を作成している。「〈プラットフォーム〉と〈居場所づくり〉で大きく広がった私たちの子育て支援と〈子どもの貧困〉対策」と題する十五ページの報告書は、現在の子育て、また子ども貧困対策のもっとも深いところから提言された、貴重な実践だとぼくは思った。

この実践が生まれてくる背景には、浦添市で取り組まれた「コミュニティづくり推進委員会」の実践がある。

この取り組みは、浦添市社会福祉協議会（社協）が地域福祉の基盤をつくるためには、社協の中にコミュニティ・ソーシャルワーカーをキチンと配置し、地域づくりのコーディネーターの役割を果たすことが必要であるという方針を出したことからスタートしている。

これが二〇〇四年（平成十六年）のことである。

この施策が提案された頃のことをよく憶えているが、重要なのは、コミュニティ・ソーシャルワーカーを、市内に何人か置くというのではなく、各中学校区に配置することにし、各中学校区に「中学校区コミュニティづくり推進委員会」を設置したことである。

この決定は、地域をあいまいにせず、一定の地域に絞ったこと、また子どもたちの通う学校区を区切りとしたところが、卓見だったと思う。

この中学校区コミュニティづくり推進委員会の主要なメンバーは、自治会、民生委員、児童委員、警察、不動産、病院、ＰＴＡ、学校、児童センターなど、二十名で構成されている。

コミュニティを構成する団体や職種は地域によって異なるが幅広く目配りがきいており地域の

多様な課題に対応できることになっている。

陽迎橋自治会が参加していたのは浦西中学校区。人口は約一万四五〇〇人、世帯数は約五五〇〇世帯。年少人口率（〇〜十四歳）は三一〇〇人（20%）、老齢人口は、一八二三人、高齢化率は13・1%。

この自治会は、古い歴史があるが、最近は新興住宅地も出来て、新旧住民が混在してきている。

この地域で、なぜ「子ども支援委員会」を作ろうと考えたかというと、次のような子どもに関する気になった問題があったことである。

公園でたむろする深夜徘徊、ひきこもり、不登校、喫煙や飲酒問題。親や保護者による虐待やネグレクト（子育て放棄）などが推進委員会の中でも指摘されていたこと。

そして、子どもたちへの支援策として「学習支援」や「居場所づくり」が必要ではないかという声が出ていたこともあった。しかし、それが実現できなかったのは、関係者の間で問題が共有されておらず、関係者同士のコミュニケーション不足もあった。

また、個人情報の問題や、親の自己責任論などがあり、少なくとも、学校、地域、関係機関が集まって話し合う必要があると考えられていた。

そこで、コミュニティづくり推進委員会の中に、新たに子どもに特化したチーム（子ども支援委員会）を作ったらどうかという提案がされた。

そして、子ども支援部会の構成は次の九名となった。

【子ども支援部会、構成メンバー】

(1) ＣＳＷ（コミュニティ・ソーシャルワーカー）
(2) 自治会長
(3) 青年会長
(4) 生徒指導（浦西中学校）
(5) 小学校相談員（当山小学校）、ＰＴＡ代表
(6) 生徒サポーター（子ども青少年課）
(7) ＳＳＷ（スクール・ソーシャルワーカー）
(8) 地域住民（浦西中学校校長）
(9) スーパーバイザー（沖縄大学、山内優子先生）

こうして二〇一一年（平成二十三年）に、「子ども支援委員会」は発足することになった。

この時、九州・沖縄子ども支援ネットワーク交流学習会の第五回集会で陽迎橋自治会の知花聡さんから、報告をしてもらっている。

子ども支援委員会は毎月一回、午後六時半から二時間程度の時間帯で行われ、守秘義務を守ることが前提となった。

そして、そこで話されることは大きくは次の二点。

一つは「情報の共有」。もう一つは「支援策と役割分担」。

情報の共有では、まず小学校・中学校からの「気になる子」「何らかの支援を必要としている子」の情報を中心にして、参加者の情報交流が行われている。

この情報共有では、学校の先生方から子どもたちの状況が報告されることが重要なことである。一般的に行われている交流会では、学校からの報告は、プライバシーがあるということで、ほとんど情報が得られない。

そのため、気になる子や、対応が必要な子も学校内だけで対応し、処理されてしまうことが多い。地域の方が、子ども支援員として対応することもあるが、学校から頼まれたことのため、一人でその子のことを抱え、苦労することが多い。

子ども委員会で情報共有が毎回行われているうちに、支援を必要としている子のイメージが明らかになってきているという。

例えば、虐待の疑いのある子ども、遅刻が多い子、不登校気味の子、保健室登校の子ども、相談室登校の子、学習の理解が遅い子、非行行動がみられる子どもたちなどだ。

こうした子どもたちの状況が明らかにされると子ども委員会では、どのような支援が可能かを話し合うことになる。

どうしても早急な支援が必要な子に焦点が絞られ、社協や自治会など地域でどんな支援が可能になるかが話し合われることになる。

多くの場合、学校からの情報を基に、保護者（親）や家庭支援については社協が担い、子ども支援については、自治会の子どもの居場所事業が担当することになるという。

陽迎橋自治会では、居場所のない子どもたちが来られる場所として、自治会の会館を開放しているのである。

陽迎橋自治会では、二〇一二年（平成二十四年）六月から自治会の場を開放して「放課後子ども教室」も行っている。

当初は週一回であったが現在では週三回。

また、子どもの居場所は週三回行っているので、平日は毎日「子どもの居場所」が開かれていることになり、やって来る子どもの数も多い。

また、それに関わる地域の方々も全体では四十名を超えるという。今では自治会の大きな事業になっている。

自治会の意義と役割

今では、自治会での「子どもの居場所」へ来る子どもも住民も多いのだが、この事業を始める時には反対する意見も多かったという。

しかし、自治会（町内会）は、地域社会の中で自分たちの生活をよくしていこうとする全ての住民がともに話し合い、まちづくりをしていくために行っていくもので、子どもたちの問題は将来の地域づくりにつながるという意見が多数を占め、踏み切ることになったという。

そして自治会は、行政にとっても、学校や社協などの諸団体にとっても、日常的に関わりのある団体であり、相互交流もあり、顔の見える関係でもあった。

子ども支援部会ができ、具体的な支援を行おうという時、まず第一に必要なのは、子どもや親が集まり、居られる場所が不可欠だということが、実践を始めてみて、ますますハッキリしてきたと言える。

当初はじめた「放課後子ども教室」や「子どもの居場所事業」（子ども食堂や、無料学習支援）には、支援を必要としている子どもたちはほとんど来ていなかったという。

子ども支援委員会の中で情報を得た子どもたちの家へ、自治会や社協、民生委員の方々などが訪問し、つながってきた時、こういう場所があることを伝え、やがて多くの子どもたちの居場所になってきたという経過もある。

また、生活が苦しい貧困の子どもたちが居場所にやって来るようになると、日常の家庭での様子や支援の必要な内容がハッキリと見えるようになり、より一層情報の共有ができるようになってきた。

その意味でも、地域に安心して行けるプラットフォームとしての「居場所」があることは、子ども支援にとって不可欠の場であることがわかる。

いま、陽迎橋自治会には五十名を超える子どもたちが通って来ているという。

まもなく百名に届くのではないかと知花会長は言うのだが、誇張ではないように思う。

沖縄の相対的貧困率は29・9％、約三割なので、子どもたちの三割がやって来ても不思議はないということになる。

しかも、子ども支援は短期間で終わるものではない。長期間にわたる支援が必要なことが多く、その継続的な支援活動を考えると、地域社会、自治会のような住民組織が関わっていく必要があるということになる。

長期的な支援が必要になった時、地域の青年団の存在も大きい。

深夜徘徊や喫煙、不登校の中学生が居場所につながってきた時、支援委員会では地元の青年団に連絡をとり、お祭りやエイサー踊りへの参加をすすめた。

すると、その中学生は自分の役割を見つけ出し、青年団活動に参加するだけでなく、自治会や老人クラブのボランティア活動にも参加しはじめ、地域の一員として生きる自覚を持ち始めたというのである。

また、母親が外国出身であるため、日本語の読み書きができず、地域の住民とのコミュニケーションがとれず、ストレスに悩んでいた母親が、子どもが居場所に通うようになって、時間ができ民生委員さんの紹介もあって、日本語教室に通い、自治会や婦人会へ気軽に相談できるようになった例も生まれている。

母子家庭で不登校気味の中学生の場合は、民生委員とCSW（コミュニティ・ソーシャルワーカー）が家庭訪問をして、自治会の子どもの居場所事業を紹介。

勉強ができないというので、地域の教員OBがチームをつくり、学習支援を始めたという。

中学生本人は、高校へ行くことをあきらめていたが、その学習支援の中で、希望が湧き、高校を受験し、合格したという。

今は、アルバイトをしながら高校に通い、時々自治会の居場所に顔を出し、中学生を励ましているという。

知花さんは、こうした事例を一つ一つ説明しながら、

「今までは子どもの貧困対策は、どこかの役所か専門機関、専門職の人がやってくれると思っていたのですが、一定の期間が終わると、手を引くんですね。他に担当が変わるとか、中学を卒業したりすると、関わってくれなくなってしまうんです。

地域の自治会や住民は、ずっとここに住んでいますから、決して手が抜けないんですよ。困ったといって逃げられんのですよ。自治会っていうのは、住民のための組織ですから、子どもの問題も取り組む必要がありますね。

自治会は全国どこにでも必ずあるわけですから、全ての自治会が本気で取り組めば状況は必ず変わると思いますよ」

こうした重要な役割をもつ自治会の意義を余り注目してこなかったのは、自治会は行政の下請け機関だと思ってしまい、自分たちで必要なことを実現していく場ではないと思い込んでしまったからかもしれない。

それにしても、この自治会の活動と地域活動がうまくつながっていった背景には、社協のCSWの存在が欠かせなかったと思う。

地域や学校とつながりながら、日常的な関係をつくってきたCSWの存在なくして、子どもたちの情報が地域の中で共有され、一人ひとりの子どもたちへのきめ細かな、そして継続的な支援はできなかったに違いない。

子どもの貧困には間違いなく、その家族のそれぞれの背景がある。

したがって、子どもへの支援と共に家族への支援が必要であり、地域社会全体での取り組みが必要になってくるのである。

支援の必要な子どもたちの背景や支援内容も複雑になっており、支援する人々、住民への物理的、時間的な支援が必要であり、精神的な負担も大きいと思う。

どうしても社会的な支援スタッフへのシステムづくり、支援体制づくりが必要だと思う。全ての子どもたちは、安心して生まれ、育ち成長していくことが保障されなければならない。

知花さんたちのまとめた報告集の最後には、「今後の課題と提言」が書かれている。

その中に、幼い子どもから中学生まで、支援内容はさまざまで複雑になっており、しかも数年間に及ぶ支援が必要なので、どの地域にもＣＳＷを配置し、支援者が学べる研修体制もつくってほしいことが書かれている。

問題が発生してくる前提として、多くの場合、幼少期の過ごし方が極めて大切だということも指摘されている。

幼児期、例えば三歳から全ての子どもが保育園または幼稚園に通うことができ、そこで必要に応じて相談できる人や場があれば、早いうちに、しかも問題が小さいうちに関わることができれば、子どもたちの持つ可能性はより大きくなっていくだろうとも述べられている。

問題の山積した沖縄の中から、新たなコミュニティを軸とした子育て支援のモデルが提出されているなアとぼくは感じている。

こうした試みは、子どもだけでなく、高齢者問題でも活かせると感じている。

地域を、つながりの輪（居場所）にしたいものだ。

9

人類は、なぜ生き延びてきたのか

いのちの再生と地域

ぼくらの住む町（村）に高速道路が建設されるという計画が発表されてからまもなく三十年近い年月が経過する。

この間、緑豊かな山里や水田のあるぼくらの町（村）では町内会と農民が中心となって粘り強い反対運動がくり拡げられてきた。

けれども本来は地域住民の声を受けとめて行われるはずの政治や行政の現場では、日本の大企業の経済発展や、中央集権的な国家をつくることが優先され、国の審議会や地方自治体の県議会や市議会でも、高速道路建設に関する議案は、次々に建設することを認めてしまった。

こうして国土交通大臣や県知事、横浜市長の許可もおり、高速道路建設の工事は着工され、土地の測量も各地で行われ、二〇二〇年の東京オリンピックまでには完成するようにとの方針も出され、ぼくが沖縄から戻ってきた二〇一五年からは工事のスピードも加速されてきていた。

その過程で、工事予定地での試掘の中で、ぼくらの住む町の三か所から古代遺跡の住居跡や土器などが発見され、遺跡の発掘調査が行われることになった。

その中の一つ「相ノ田谷」は、小高い丘に数軒の家と農地のある場所で、発掘された面積は二九三四平方メートル。

発掘作業は、昨年（二〇一六年）三月から始まったのだが、それまでにここに住んでいた民家や農地全てが買収され、解体されて平地にされてしまった。

顔見知りの人々が次々と他の町に移り、風景は一変してしまった。

ここには六車線、百メートル余りの高速道路が走ることになり、路肩なども含めると巨大なコンクリートの帯で覆われてしまう。

平地になった丘陵には発掘調査用の機械や土砂を運ぶトラックが並び、多くの調査員が集まり、地表から丁寧に表土を剝ぎ取っていく発掘調査が始まっていった。

眺めていると住居跡や柱の立っていた穴などが露出し、よく考古学の本や教科書に載っている光景が見えるようになった。

この発掘調査は、二〇一七年六月までの約一年二か月程の期間行われたのだが、調査も完了して七月八日（土曜日）に他の横浜市の発掘調査と合わせて横浜市歴史博物館で「発掘調査成果発表会」が行われた。

この時の発表は時間も短く専門的な内容も多かったので、田谷長生会（老人クラブ）としては現地で地元の人たちにも分かり易い内容で説明してほしいと頼んだところ、七月十三日（木曜日）の午前中に地元説明会をしてくれることになったのであった。

説明役は直接発掘の担当をされた、かながわ考古学財団の調査研究部主査の渡辺外さん。発掘場所へ行ってみると、午前十時でも既に三十度近い暑さであった。にもかかわらず関心は高く、長生会のメンバーを中心に町内会の方々、近隣の郷土史に関心のある方がたくさん集まり、熱心に報告内容に聞き入っていた。

この相ノ田谷（地元ではヤンタ谷戸と呼んでいる）遺跡にはかなり昔から人が住み着き、住居跡も重層しているが、大きく分類すると、近世、中世、弥生・古墳時代の三つの時代（時期）にわたる遺構や遺物が検出された上に、縄文時代の遺物も発見されたというのである。

近世というのは一般的には江戸時代のもので竪穴状遺構や井戸址、その他陶磁器類も出土しているという。

中世期で言えば、前半は奈良・平安時代、また後期は鎌倉時代になるのだが斜面部分には鎌倉時代のものが集中して出土していると言う。

また素焼きの土器や坏や甕《かめ》、須恵器《すえき》きなども出土し、木製の下駄や糸巻き状の品もある。

弥生・古墳時代のものは古い土層にトレンチ調査を行ったところ、土坑二基を検出したと言う。壺や甕も出土しているという。

さらにその上に縄文時代の土器や石器まで出土したというのは、調査員の方々も驚いたようであった。

こうして一通りの説明の後、出土した土器や石器、坏などの破片も見せてもらった。

その中には水に浸した木製の下駄や糸巻き状の板もあった。

そして、その中には木製の男根を形どったものもあった。

ぼくは若い頃、信州の諏訪や八ヶ岳を中心とした古代史の研究にのめり込んでいた時期があり、古代遺跡の中に巨大な石棒（男根の形をした石製品）を見てきた。

古代人にとっては、新しい生命が産まれることは神秘であり、生殖、いのちの再生に信仰の基本を置いていたことを知っていたので木製の石棒の出現は新鮮な驚きでもあった。

発掘を担当した渡辺さんは、古代遺跡からこのように木製のものが多量に出土するのは極めて異例であるとも話してくれた。

木製の遺物は地中にあれば腐ってしまうのだが、この遺跡は山から湧水が流れ、豊かな沢の水中にずっと浸っていたことによって現形のままに保存されてきたのだと言う。

田谷は水に恵まれていた地形なのですねと渡辺さんは言われる。

田谷の地から縄文時代の遺跡が見つかったということは、その頃からぼくらの祖先が暮らしていたということであり、その後継者として現代人が生きているということになる。

この相ノ田谷の背後は山になっており、その一番高い場所は、かつて「上の原」と呼ばれた高い山頂の平地であった。

この日参加していた加藤秀吉さんは、ぼくらより数年、年上の方だが子どもの頃は上の原でたくさんの土器の破片を拾ったものだと話してくれた。

もしかすると、相ノ田谷の背後にあった上の原一帯は古代人の住居だったかもしれない。

しかし一九七〇年（昭和四十五年）、この上の原を切り崩し、横浜市立千秀小学校を建設することになり、数年をかけて千秀小学校が完成する。この時には古代遺跡のことなど想像することも出来なかったに違いない。

ただ今回発掘調査が予定されているもう一つの遺跡は、かつての上の原への登り口付近で、千秀小学校近くとなっており、今後の発掘結果がとても興味深い。

また三つ目の発掘現場は、ぼくの家のすぐ近くである。

かつて田谷町内会の会長をされていた石井幸八さん宅の周辺で、既に石井さん一家も転居しているが、ここからも縄文時代の遺物が発掘される可能性があるという。

今年（二〇一七年）の七月から発掘調査が始まったところで、この田谷の古代史がより一層明らかにされる可能性もある。

今回の発掘調査をされた渡辺外さんは今回の報告書の中で次のように書いている。

「調査地点周辺で、これまでに丘陵上で同様の事例を確認できるような発掘事例は乏しく、南側約三百メートル地点に存在する、横浜市の地域登録史跡〝田谷の洞窟〟と共に、田谷周辺の地域史を考える上で重要な資料として評価できるものです」

ぼくらは現在住んでいる地域というものを、目の前にあるものが全てであると考えてしまうのだが、そこには長い年月を生き抜いてきた多くの人々がおり、自然と共生、交流しつつ生きてきた歴史があったのだということに、今回の発掘調査は気付かせてくれたことになる。

ぼくらの暮らす田谷という地域は、横浜市の中で最も豊かな水田地帯であることで知られてきたのだが、小高い山から豊かな湧水が流れ下り、田園を潤し、農業や植物を育み、人間の暮らしを支えてきてくれたのだということがハッキリした。

高速道路の建設は、この風水の流れも変えてしまうことにもなる。そんなことも考えつつ、あと二つの調査も見守りたいと思っている。

地域づくりのキーパーソン

埼玉県の入間市老人クラブ連合会による実践交流会が二〇一七年七月十五日（土曜日）に行われることになり、その中で取り組まれる「活動交流研修」の基調講演をしてくれないかという依頼をぼくは受けていた。何回かのやり取りの中で、ぼくにとっても勉強になると思い、この申し出を受けて入間市市民会館ホールにこの日向かうことになった。

ぼく自身も今年の四月の総会で老人クラブの会長を引き受け、その運営についてもいろいろと考えさせられていたので、長い伝統と歴史のある入間市から学びたいという思いもあった。全国的にも老人クラブに参加する人は少なくなっており、廃止になった老人クラブも多いということも聞いていた。

現在の入間市の老人クラブ連合会はワーカーズコープ（労働者協同組合）が事務局を引き受けており、老人クラブの今後のあり方についても積極的に取り組んでおられた。

入間市の老人福祉センター「やまゆり荘」の指定管理を受けているワーカーズコープでは、地域の老人クラブとつながることで地域における高齢者問題を共に考えようとしていたのである。

やまゆり荘の吉田栄治さんは業務を行いつつ、入間市老人クラブ連合会の事務局長を引き受け、地域の単位老人クラブを一つ一つ丁寧に廻って歩きながら、これまでの研修会がリーダー（会長）だけの学びになっており、もっと多くの会員や、関係機関とも交流して学び合う必要があるとして、今回の提案をしたというのである。

「遠方への宿泊を伴う単位クラブ会長（リーダー）視察研修を今年は取りやめにし、市民ホール（千人収容）をお借りして、お楽しみも交えながら、多くの老人クラブ会員と、民生児童委員や地域で活動する市民と共に学び、共に知り合う場を持つことになりました」

吉田さんからのメールには、このように書かれ、市内の共催・協力団体として次の三つの団体が紹介されていた。

共催団体は、入間市民生委員・児童委員協議会。入間市社会福祉協議会。そして協力団体としては、地域包括支援センターが当日も参加してくれていた。

そして、ぼくの基調講演の後の実践活動報告と実践者意見交換会には、老人クラブ福寿会と地域の民生・児童委員の方々。老人クラブ・扇町屋団地はなみずき会。そして市民の活動団体・ささえあい東藤沢の方々が、それぞれ実践報告をし、吉田栄治事務局長の司会で交流討論会を行い、ぼくはコメンテーター役をさせていただいた。

そして、第二部は、お楽しみトークライブで異色のコメディアン・松元ヒロさんの登場という構成であった。

入間市では、このような形で全会員に声をかけ、また他団体や市民と交流するという試みは初めてのことで、ほぼ満席となった。

この日のぼくのテーマは「高齢化社会での課題と解決に向けて、地域の先輩によるまちづくり」となっていた。

ぼくの話した内容を要約すると、第一は人間が生きていく目的とは何かということを、人類学者や生物学者の考えを下敷きにまとめると大きく二つある。

一つは、まず自分の体を維持し、生きること。衣食住を確保し、助け合って生きていく力を身につけること。もう一つは、自分たちの後継者、つまり子どもたちを安全に産み育てること。種の保存、ということになる。

昔話を聞くと、そこには必ず老人（おじいさん、おばあさん）が出てきて、子どもや若者を育てて社会に送り出すという構図がある。

桃太郎、一寸法師、かぐや姫など。

高齢者は、さまざまな人生を経験し、生きる上での知恵を貯えた存在として社会の中では大切にされ、子育てや調停役として人々に認知されていたのではないかと考えられること。

また人が生きていくためには何が必要かと考えると、人類がこの長い歴史を生き抜いてきた原則が見えてくる。

他の動物は食べものが手に入ると、その場で又はものかげに隠れて一人で食べてしまうが、人間は手に入れた食べものを仲間（家族）のところへ持ち帰り、分け合って食べてきた。

こうした生き方が人類が現在まで生き延びてきた理由であると指摘する研究者は多い。

つまり、家族が果たした役割は大きいのだが、この家族は現在の「核家族（親と子のみの家族）」

とは違う、拡大家族であり、小さなコミュニティと呼べるものであった。

しかし現在の家族は、ほとんどが核家族となり閉鎖空間となってしまい、窒息状況の中で親と子は対立してしまい、家族以外との開かれた関係がなくなってしまっている。

家庭の外にある学校や職場も、管理主義や効率、能率主義に陥っており、安心して学んだり仕事のできる場ではなくなっている。

更に、多世代、異文化の人々が交流し接することの出来た地域社会は、多様な交流がなくなってしまって久しい。

もう一度、地域で暮らす人は誰かということを明確にして、その人を主人公にしたまちづくりをしていかないと、人類は生き延びることが難しくなってしまうのではないか。

地域で暮らしている人とは、他の地域（働きに出ている大人を除いた子ども、高齢者、障がい者）と、子ども、高齢者と共に暮らす人々ということになる。

つまり、地域の主人公は、子ども、高齢者、障がい者と、そのサポートをする人ということになる。

今までは、これらの人々を個別に対応し、ケアをしてきた。

つまり、児童施設、高齢者施設、障がい者施設というように分類し別々に支援をしてきたと思うのだが、地域そのものを対象にして、子どもも高齢者も、地域の人全てが集まり、主人公として生きられる対応が必要になってきているのではないだろうか。

その時、もっともその力を発揮できるのは、それまでさまざまな分野で活動し経験をしてきた高齢者であることは間違いない。

人生の先輩として、その経験や知恵、技術を地域の中で活用し、生かしていく生き方がこれからは大きな可能性となっていくに違いない。そのためには、地域に暮らす人が誰でも、いつでも行くことが出来、自由に話し交流できる「居場所（生活空間）」が必要になってくる。

そして又、地域の状況が地域の人々に伝わっていくための情報の共有や、困っていること、知りたいことが受け入れられ、支え合える関係と組織が必要になる。

そのためには一人ひとりが思っていることや必要なことを話せ伝えられる人や場も必要になる。こうした地域づくりのキーパーソンは高齢者であり、地域社会づくりの新たな人材として、高齢者を再発見することが求められている、というのがぼくの話の内容であった。

入間市の「老人憩いの家」

続いて行われた実践交流会では心に響く報告がいくつも行われた。

まず、地域の自治会（区長会）、老人クラブ、民生児童委員会などが主になって「近隣助け合い推進協議会」がつくられ活動しているという報告が、四区西自治会と福寿会から行われた。

そして「近隣の絆」というチラシが印刷され、全家庭に配られているというのである。

そこには「気くばり、目くばりで安否確認」と書かれ「日頃から気安さと優しさで気軽に挨拶をかわしましょう」と書かれている。

そして注目したいのは、「こんな時には連絡を」と書かれた次に、四つの文章が並んでいることだ。

【こんな時には連絡を】
◇新聞・郵便物がたまっている。
◇朝、カーテン・雨戸が開いていない。
◇夜、電気がついていない。
◇なにか様子が気になる時。

そして、その下に連絡先が書かれている。

そこには各区の自治会長さん、副会長さん、各区の民生児童委員の方々、そして老人クラブ（福寿会）の会長さんの名前。

このチラシが各家族の電話機の近くに貼ってあるのだという。

「こんな時には連絡を」の四項目は、本当に現実をよく知っている方の配慮だと思ったが、この安否確認は、ぜひぼくの老人クラブや町内会でも取り組んでみたいと思った。

次に老人クラブ「扇町屋団地はなみずき会」からの報告では、市の介護予防教室をきっかけに始まった「ひまわりサロン」は、老人クラブのメンバーと地域の人々が協力者を募り、月一回（毎月第四月曜日）、団地の集会場で開催されるようになったのだが誰でも参加できる開かれた場で今年で三年目だという。

毎回四十人から五十人が集まり、食事会や音楽の集いも行われ、地域の絆も深まっているという。

はなみずき会会長の中敷領郁代さんは、もともとは地域の民生児童委員さんであったという。

四十代で民生児童委員となり地域の方々と顔見知りとなり、民生委員をやめた後、老人クラブに参加されたそうだが、中敷領さんを慕って多くの方々が参加し、それぞれに得意な分野で役割を果たしてくれているという。

音楽の得意な中島清美さんの参加で、最近は若い人も参加するようになり活気が出てきているということだ。

さらに三番目に報告した東藤沢地区の「ささえあい東藤沢」は、地域住民が中心となり、行政や社協と連携して、誰もが住み慣れた地域で安心していきいきと暮らし続けられるよう具体的な支援を行う共助による非営利の組織である。

「楽しみあう活動」

「ささえあう活動」

「学びあう活動」

この三つを柱にして活動しているという。

「楽しみあう活動」では、ふれあいサロン「ふらっと」、おしゃべりサロン、いきいきサロンや落語会にも参加できる。

「ささえあう活動」では、支援を受けたい人、また支援する人を募集し、現在、支援する人は二二八名。支援を受ける人は、一二九名が登録しているという。

支援内容は、病院への付き添い、家事援助、草取り、庭の手入れ、外出付き添い、買い物代行などで、一時間あたり五百円となっている。

「学びあう活動」では、公民館の東藤沢生涯学習大学と連携、協力して開催しているという。

この「ささえあい東藤沢」の事務局長は、元東藤沢公民館長の青木和男さん。

公務員を退職した後に、地域の市民活動に参加されるというのは、高齢者の生き方の一つの典型のような気がして感動した。

こうした実践報告を伺いながら、各地の老人クラブの方々が気軽に集まりをもっているのが不思議で、質問してみたところ、入間市には「老人憩いの家」が各地区にあることがわかった。

高齢者の生きがいづくりや、健康増進、地域とのコミュニケーションを図るため、いつでも気軽に利用できる憩いの場として、市内に四九ヶ所設置されているという。

入間市では、十年ほど前に、単位老人クラブ一ヶ所につき一軒、活動拠点となる「憩いの家」を設置しようという施策があり、現在六九の老人クラブに対して、四十九か所の「老人憩いの家」があるという。

十畳から十二畳間が二部屋、それに台所が一つ設置されたものが基本になっているとのこと。

施設の設置と修繕は市が行い、水道光熱費は老人クラブや自治会の負担となっている。

ぼくらの老人クラブでは独自の集会場所（居場所）がなく困っているのだが、入間市では行政がキチンと対応していることは、一つの希望の光に思えた。

しかし、入間市では老人クラブの高齢化により、活動が不活発になっているところもあり、有効に活用されていない憩いの家もあるという。

しかし条件があるので、地道な活動があれば可能性が広がっていくことができる。

何とかぼくの住んでいる田谷の町でも、身近な所に、気楽に安心して集まれる集会所（サロン）がほしいなと思った。

七月の三十日には横浜市長選挙なのだが、高齢者に対するイメージも、地域づくりへのイメージやプランも見えてこない。

少し寂しい気もするが、ぼくらの実践をつみ上げながら、共に学び合い、共につくり合い、そして共に生きる地域、コミュニティをつくりあげていきたいと思う。

つい先日、田谷長生会の元会長であった秋岡英男さんが亡くなられ、七月二十日に告別式が行われると連絡が入った。

まだ八十一歳であった。これからの時代を見届けたかったと思うと残念だけれど、秋岡さんの想いも受けとめながら、田谷長生会の一員として地域づくりに参加していきたいと思っている。

10 足元を掘る、暮らしを掘る

盆踊り・解放された世界

今年（二〇一七年）から始まった田谷町老人クラブ（長生会）の会報『笑顔・楽しく』の復刊の第八号が、この八月に刊行され、何とか半年を越えた。

今回の号では納涼盆踊り大会の様子が写真入りで載せられている。

懐しいヤグラ太鼓の音と手拍子、そして盆踊りのメロディが流れてくると、不思議に心が浮かれ、吸い寄せられるように広場に集まってきてしまう。

今年は老人クラブのメンバーも全員踊ろうと声をかけていたので、女性たちはそれぞれに浴衣《ゆかた》を着てやってきた。

年を重ねたとはいえ、浴衣姿の女性たちは艶めかしく、なめらかな手のさばきは雰囲気を盛りあげてくれる。

男性陣も今年は、それぞれに甚平を着込んでやってきた。

直前に買ったという人もいるが、この姿も凛として男らしい。ぼくも久しぶりに甚平を着て行ったのだが、ヤグラの回りを一緒に踊っていると、若い時の心のトキメキのようなものが感じられ、盆踊りはいいものだなァと感じた。

町内会の人たちが分担して模擬店を開いてくれ、焼きそばや焼き鳥、ジャガイモのバター焼きなどが並び、水槽の中にはゴム風船が浮かび、金魚すくいも行われている。

小さな子どもたちも祭りの衣裳でうれしそうに走り廻っている。

老人クラブで事前に用意していた焼きそば三十個があっという間にはけてしまい、長生会メンバーが三十名以上やってきたことがわかった。

足が悪く歩行が困難な人もいるので、長生会用にテーブルと椅子を用意していたのだが、これも一杯になり、久しぶりに出会った人と思い出話に花が咲いていた。

こうした夏の祭りには、何か不思議な郷愁感を覚える。

子どもの頃には親や祖父母に手を引かれ、または背負われたり、肩車されたりして夏祭りのリズムや太鼓の音を聞いていたことを思い出す。

また、小学生の上級生や中学生になると、艶めかしい女性たちの踊りに心を奪われ、鉢巻きをしめて、凛凛しく唄ったり太鼓をたたく男たちの姿にも心惹かれていた。

そして高校生や青年期には、心通わせる異性と出会って笑いながら話し合ったことも次々と思い出されてくる。

学校の中や職場の中での日常性とは違ったウキウキした非日常の世界が祭りにはある。ケの日常にはない、何かドキドキするようなハレの非日常のカオスのようなものが、祭りの闇の中には漂っているようだ。

今回は田谷の地域にある三つの老人施設からも入所中の高齢者が多数参加した。「田谷の里」「ケアポート田谷」「クロスハート田谷」の入所者と職員用に公園の据え付けテーブルが用意されていたが、施設からの車でやってきた高齢者たちは車椅子にのり、施設内の日常とは異なった雰囲気の中で、うれしそうに手拍子をとっている。

とび入りで施設の職員がソーラン節を踊ってくれたり、女性たちがフラダンスを踊ってくれ、いつもの姿とは違った風景の中で、施設に入所中の方々も大声で笑っていた。

祭りの夜は、周囲が闇に包まれる。

そして、太陽ではなく月の光と星の輝きだけになり、全体が淡い光の中に沈み込んでいく。そうすると日常生活の中では押さえ込んでいた心の奥深くの思いがフツフツと湧き上がり、暗闇の中にうごめき出るような気がしてくる。

月の光はやわらかく、隠すものはなくなり、もう一つの自分が浮かび上がってくる。そうなると、人はもう一つの自分に変身することが可能になるような気がしてくる。

どんな人にも他の存在に変身したいという願望があり、憧れがある。祭りの闇は、そんな一人ひとりの願望を柔かく包み、受けとめてくれるような気がする。

太陽は全ての存在を白日のもとに照らし出すのだが、月の光は隠されていたもう一つの内的世界を開放するのかもしれない。

そして、祭りの夜は酒がふるまわれる。

長生会のテーブルにもビールや日本酒が揃えられ、酒がくみかわされる。体を動かして踊り、日頃の思いを語り合い、そして他の人々の姿を眺め、祭りの唄や太鼓を聴きつつ、人間が古代から続けてきた労働と休息のリズムを実感することになる。働きずくめで休む間もない暮らしの中で、この夜は自由にふるまうことのできる解放された世界。

踊りに疲れて、椅子に座っていると、側にやってきて話しかける人がいる。

「長生会のよォー、前の会長さん、秋岡さん亡くなったんだってなァ。よくやってくれたよ、あの人。だけどよ、強引なとこもあったからよ、よくやりあったこともある。

でもな、お互い立場は違うし、考えも違うわけだからぶつかったっていいさ。

今になってみると懐しいなァ。みんな一生懸命だから口ゲンカすることもあるわけだからよ。

秋岡さんもいい人だったよ。まだ八十一歳だろ、若かったよなァ。きょうも来てれば、あの人は酒も好きだから、またケンカしたかもしれないけど、淋しいなァ。結局人間はいつか死んじまうんだろ。仕方ねえよな。だからヨ、今は生きてるわけだし、楽しまなくちゃな、なあ兄さんよォ」

どこの地域でも夏祭りには、亡くなった人たちの霊も集まってくると考えられていた。

亡くなった人たちと今生きている人たちとが一緒になり踊り歌いあかす祭り、それが盆踊りだと言われている。

つまり、夏祭りはこの地で亡くなった祖先の霊と共に行われているのだろう。

「来年はよォ、俺は来れないかもしれないよ。

もうこの年だからいつポックリいくかわかんないわけだから、来年の祭りにはあの世へ行ってるかもしれない。

そうだよ、人生なんてわかんないよ。だから、まあ来年もよろしくたのみますヨ。もし元気でいたら、来年も会いましょう。兄さん握手、握手しようぜ」

かつては、農業、林業、漁業などの第一次産業が日本では中心であった。体力も使い忙しい日々、働きづくめであった人々が、年に一度の収穫祭のようなこの夏の祭りを楽しみにしてきたことは充分想像できることである。

夏祭りの最後は、プレゼントの抽選会。特別賞や一等、二等に今年は老人クラブの人がよく当たった。拍手の中、照れながら賞品を受けとる人の顔がゆるんでいる。

子どもから年寄りまで皆で集える祭りは、暮らしの原型かもしれない。誰もが安心して暮らせる日常もまた、大切なのだと感じていた。

田谷の人物誌

長生会の会報『笑顔・楽しく』では第七号から「田谷人物誌」を載せることになった。同じ町内にどんな人がいるのか、それを紹介していこうという企画である。

当然、老人クラブの会報なので、まず長生会のメンバーで年長の人から訪ねようということになり、第一回は元町内会長、矢島雅治さん（八十九歳）となった。

矢島雅治さんは、この町で生まれ育ってきた土地っ子で高速道路の建設が始まっていた時の町内会長であった人である。

しばらく前から足腰が悪くなり、歩くことが難しく外出することが出来なくなってしまい、家にいることが多くなっていた。集まりや行事に出ることが好きで、よく出歩いていた人であったので、長生会の集まりにも参加できず淋しそうであった。また、農家だったので農作業に従事する日常であったが、それもままならなくなっていた。

しかも今年の二月、長年つれ添ってきた妻の鶴江さんが、亡くなってしまった。

そんなこともあって長生会のメンバーからは矢島さんを訪ねてほしいという要望が強かった。

矢島雅治さんは一九二七年（昭和二年）九月二十三日生まれ。

八人兄弟の五番目に生まれている。

横浜市立豊田小学校（本校）の尋常小学校に入学するのだが、本校まで歩いて一時間近くかかるので、田谷分校がつくられており、そこへ入学している。

当時は農家の手伝いが日常生活で、学校へ行く時は働かなくてよくて、息抜きも含めて待ち遠しく楽しかったという。

時間があれば近所の子どもたちと隠れんぼ、鬼ごっこ、メンコ、凧上げなど夢中で遊んでいたという。当時の同級生はほとんど亡くなっており、それも淋しいという。

中学校は北鎌倉にあった鎌倉中学へ進学したのだが、先生の中に軍属将校の人がおり、よく叱られ、殴られたという。

「いつも殴られていたような気がするなァ。それに上級生も恐かった。会った時、礼をしなかったと上級生からもよく殴られたヨ」

また昭和十八年八月には「一〇〇キロ行軍」という授業があり、学校から大磯、箱根を越えて沼津まで歩かされたという。こうした軍事教訓が授業の中心で育ったという。中学卒業後は、思うところがあって東京の専門学校に通い、何と中国語を習っていたのだという。戦争が始まっていた頃で卒業まではいかなかったが、二年余り、専門学校へ通い続けたという。

戦争中には、この田谷にも飛行機が落ちてきたり、爆弾が落ちてきたりと大変な状況で、落ち着いて勉強する時間はなかったという。

矢島雅治さんの家には昔から鶴がよく飛んできて、山や庭にも降りてきたという。それで矢島さんの家の屋号は「鶴まき」と呼ばれている。鶴が舞い降りてきたので、この名がついたのではないかと雅治さんは言う。

昔から田谷は田んぼと谷（沢から水が流れてきたところ、豊富な水源地でもあった）のある土地で、広大な田圃（耕地）の中に「亀のこ山」と呼ばれる小高い山があり、そこにはたくさんの鶴がやってきたという。

「亀のこ」は、亀の子、なのか「亀の甲」なのかハッキリしないのだが、亀の形に似ている小山のことで、ここに鶴が飛んで来たという。「鶴と亀」で縁起がよいと言われていた土地である。

雅治さんの家の山には、鶴のお墓もあったそうだが、住友電工などの大工場が田園に建てられた時期に、土砂がほしいということで、この山は崩され、鶴の墓もいまはないと言う。

雅治さんのお父さんが亡くなった時、戦後につくられた田谷町内会の初代の会長になった石川伊之助さんが来られ、

「土地は大切なもので、大切に守りなさいよ。風土が壊されてしまうと人の心も変わってしまいますからね」と言われたことが今も忘れられないという。

伊之助さんは、長年にわたり町内会長を務め、一九六〇年代に老人クラブ（長生会）も創られた方である。

雅治さんは、横浜市立千秀小学校で以前、戦争中の話や子どもの頃の話をしてくれと頼まれ、生徒に話したことがあり、録音されているはずなので小学校で調べてほしいとも言われた。また、畑から掘り出された爆弾も小学校に寄贈してあるとも言われた。

今後、田谷の歴史を生徒さんたちと一緒にまとめてみたいと思っている。

次に訪ねたのは、長生会の現役メンバーの最年長者でもある米山武男さん。

米山さんは一九二四年（大正十三年）七月に山形県西そのき郡白鷹町《しらたかまち》に生まれている。したがって現在、九十三歳。

耳は少し遠いが、現在もよく歩き農作業もしている。九人兄弟の次男。

後に田谷に住んでいた米山廣《ひろ》さん（一九二五年生まれ）と結婚するが、旧姓は大滝武男。

この世代の方々は、みな戦争によって多くの被害を受けている。

一九四四年（昭和十九年）九月、武男さんは召集され、東部一九九一部隊の赤羽陣地に配属されることになる。

徴兵検査では体力はあったのだが、たまたま右腕に大ケガをしており、充分に兵役には役立たないということで乙種合格となった。

そして敗戦が近づいた一九四五年（昭和二十年）八月には、いよいよ海外へ飛行機で突撃することが決定され、出発の日も近づいていた。甲種合格の同級生たちは次々と飛び立ち、ほとんどの仲間が戦死したという。

武男さんもこの戦列の最後に加えられ、いざ出発という数日前に日本の敗戦が決まり、武男さんは出発せずにすんだという。もし戦争をやめる日が数日遅れていれば、武男さんも戦死をしていたに違いない。

こうして武男さんは命拾いをして山形に戻るのだが、戦後の生活は厳しく武男さんは家族の生活を支えるため関東地方へ出稼ぎに来ることになった。

一方、神奈川県の山間地である田谷に生まれた米山廣さんは五人兄弟の末っ子として生まれたが、長女の次は三人の男の子で、廣さんは次女として育つ。

しかし戦禍が激しくなる中、三人の兄たちは次々と出兵し、海外で戦死をすることになる。たまたま命は助かるが病身となって戻った兄もいるが三人共戦争による犠牲となってしまう。その中の一人の兄は、出兵する時には結婚しており、二人の子どもを残して戦死することになった。また兄の妻も病気となりすぐに亡くなり、残された二人の幼い兄夫婦の子どもを廣さんは親替わりに育てることになっていた。

二十代の廣さんにとって、二人の子どもの世話と農作業の両立は想像以上に厳しく、一家を支えてくれる男手が欲しかった時である。

それぞれに苦しい現実の中で暮らしていた武男さんと廣さんは、紹介する人があって、一九五〇年（昭和二十五年）七月に結婚する。二十代の武男さんと廣さんは、こうして結ばれ田谷という山間の土地で暮らしていくことになったのである。

結婚して一か月後の八月一五日、紹介してくれる人があり、武男さんは横須賀の米国海軍の艦船の修理を担当することになった。

米国の艦船の修理のため、主に溶接工として働くことになったのだが、生活は安定した。

二人の間に二人の女の子が生まれ、武男さんは三十五年間にわたり、横須賀海軍のベースで働き続けることになったというのである。

休みの日は、農地で働き、米山家は武男さんによって支えられたといってもよかった。

定年になってからも武男さんは､近くの工務店や造園関係でも働き、七五歳まで現役であった。

そして、六十歳からは田谷の町内会、長生会にも参加し、それぞれ副会長も歴任し、神社の総代も務めてきた。特に長生会には現在まで三十三年間も参加し、旅行部やカラオケ部のまとめ役も果してきた。

武男さんの存在そのものが田谷の歴史と重なっているなァとぼくは感じていた。

チェルノブイリの祈り

こうして田谷に住む高齢者の人生史、自分史を聞く機会がふえてきて、改めて思うのだが七十代以上の人々の人生史にはハッキリと戦争の影があると気付かされた。

日本人の多くの人が、直接、間接的に戦争の影響を受けており、そのことによって、その後の人生が決まったといってもよいほどである。

世界中を巻き込んだ、第一次、第二次世界大戦は、全ての人々の人生史の中に大きな位置を占めていることは確かなことであった。

七十代のぼくも東京で大空襲の被害を受け、家と妹を失っている。

そう考えると、その人が生まれた時代にはそれぞれ大きな出来ごとがあり、その影響を受けて誰もが人生を生きてきたのだと感じる。

戦後の時代は、厳しい生活からの復興に中心的課題が集中し、全体としては経済発展、産業の復興が中心の課題であった。その流れの中で、戦後の高度成長経済政策が押し進められ、都会から農村地帯までが工業化の波に呑み込まれて進んできた。

誰もがその波の中で、中流の生活を送ることができるというメリットは大きかったのだが、その陰で序々に拡がってきたのは、産業廃棄物の処理や、公害の問題であった。

「産業が発達すればモノが豊富で快適な暮らしができる」

戦後復興期の日本は、この言葉を信じ働いてきた。

大気汚染によるゼンソクなどの公害や水質汚染も深刻になってきた。産業の発達は同時に公害をもたらすことに気付いたのである。

その典型的な出来ごとは熊本県水俣市のチッソによる公害「水俣病」であった。

こうして産業の発達だけでは人間は豊かにはなれないことがわかり、産業活動にブレーキをかけることが必要になり、一九六七年に「公害対策基本法」が作られ、その後一九九三年には「環境基本法」が制定されることになった。

考えてみると、公害対策基本法ができた一九六七年から、今年（二〇一七年）で何と五十年が経過している。

この頃は、全国各地で公害を排出する物質をなくすため、粘り強い住民運動が起こり、全国を巻き込む住民運動で、この基本法ができたのであった。

思い返せば、ぼくはこの時、二十五歳の青年であった。一人の小学校教師として公害反対の学習会や抗議集会に参加していたのを思い出す。

この時、産業と環境との調和はできたのではないかという安心感がぼくらにあったことは確かなことだった。

しかし、その頃から原子力の平和利用という名のもとに「原子力発電所（原発）」の設置が始まっていったのであった。

スリーマイル島での原発事故に続いて、チェルノブイリで原発事故が起こった時（一九八六年四月二六日）、この時は本当に原発は安心なのだろうか、また私たちの生活に必要なのだろうかという不安と疑問が誰にも湧いていたのは確かであった。

『チェルノブイリの祈り』（スベトラーナ・アレクシエービッチ著、松本妙子訳、岩波現代文庫、二〇一一年）という本がある。

著者は三百人の人々へのインタビューをして、その事実を明らかにしたのだが、その中での事故の救助活動に携わった消防士の妻の話は衝撃的であった。

事故の後、夫は火事だと知らされシャツ一枚で出勤し、翌朝には全身が腫れ上がり、目も見えない状態で病院にいたのである。

消火に関わった消防士のほぼ全員が死亡し、夫はモスクワ病院へ運ばれたが、全身を放射能で侵されていた。

面会に行った妻は、その時、こう告げられている。

「忘れないでください。あなたの前にいるのはご主人でも愛する人でもありません。高濃度に汚染された放射能物質なのですよ」

日本でも東海村の核燃料工施設で放射能事故があり、二人の作業員が被曝したのだが、大内久さんは、事故後八十三日目にして亡くなっている。享年三十五歳。

この事故は一九九九年九月三十日。

「被曝というのは、たった零コンマ何秒かの瞬間に、すべての臓器が運命づけられる。全身すべての臓器が刻々と変化の一途をたどり、ダメージを受けていくのです」（『朽ちていった命―被曝治療83日間の記録』ＮＨＫ取材班、新潮文庫、二〇〇六年）

そして、二〇一一年三月には福島での大地震によって原発には大規模な事故が起こっている。福島では五百人を超える子どもたちに甲状腺異常が起こっているというのに、また廃棄物の処分場も決まらないという状況の中で、次々と全国各地で原発の再稼働が始まっている。

どうしてなのだろうかと思っていた時、出合ったのが『制定しよう、放射能汚染防止法』（山本行雄著、星雲社、二〇一六年）という本であった。

この本によって初めて知ったのだが、放射能汚染に関する防止法は全く未整備のままで、その罰則もないのが現状だというのだ。

これまで、放射能汚染は公害となっていなかったともいうのだ。

したがって、廃棄物についての規定もなく、責任を問われることもなく、野放しのままであるという恐ろしい現実を知ることになった。

札幌市の市民団体が、この事実を指摘し、その法をつくることを要求しているという。

広島、長崎の原爆投下、そして福島の原発事故、それはぼくらの原体験だと今、思う。

故郷の夏祭りを続けるためにも、現代の最大の公害、放射能汚染の問題を、ぼくは長生会の中でシッカリと学びつつ、安心して生き続けられる地域づくりに本気でとりくまねばならないと思っている。

11

地域再生と高齢者の生き方

老人クラブの歴史と現状

横浜市老人クラブ連合会（かがやきクラブ横浜）は、平成十九年（二〇〇七年）度から「若手リーダー養成講座」を開催しており、今年で十一回目となる。

老人クラブで若手というのは若干矛盾する内容のように見えるが、これまでは六十代の人のことを若手と呼んでいたようだが最近は、六十代で老人クラブに入会する人は極めて少なくなっている。

そこで現在では七十代前半の人を若手と呼んでいるようである。

これから老人クラブを担ってくれる人に参加してもらって、これからの老人クラブを活性化してもらおうというのが趣旨だったようだが今では、本年度、単位老人クラブの会長や副会長になった人の中から推薦をして参加してもらうことになっているという。

ぼくも既に七十代に入っているが推薦されて、今回は参加することになった。

横浜市の老人クラブ数は、今年の四月で、一六二八もある。参加している会員数は十一万二千人余り。

その中で今回は三十四人が若手リーダーとして推薦され参加することになった。

今年（二〇一七年）八月三十日が開講式で、第一回目は全国老人クラブの参事である岡本まゆみ氏が「老人クラブの歴史・現状と今後の展開」というテーマで話された。

このリーダー研修は、十一月末まで十二回行われる。

その主な内容を列挙してみると次のようになる。

(1) 老人クラブの歴史・現状と今後の展開
(2) 高齢化社会とＩＴ活用
(3) 高齢者の食生活について
(4) かがやきクラブ横浜の活動
(5) 成年後見制度について
(6) 老人クラブと広報活動（理論と実践）
(7) 地域ケアシステムと老人クラブ
(8) 横浜の高齢者福祉施策の現状と課題
(9) 相続と遺書について
(10) 友愛活動について
(11) 野外活動の実践（企画・実習）

⑿ 老人クラブの若手リーダーへの期待

その他に「健康づくり」（理論と実践）や、介護予防、歩き方、コグニサイズなどの実習、グループ討論なども含まれている。

講師陣も、行政担当者や医師、弁護士、体育や高齢者福祉などの専門家など多彩だ。

そこで第一回なのだが、「老人クラブの歴史」「老人クラブの現状」「高齢者を取り巻く社会情勢」「今後の展開に向けて」「よりよい活動のために」といった内容に沿って講義がビッシリと行われた。

この中で重要だと思う視点から整理してみると、老人クラブの基礎になった戦前の老人会が存在していたといわれ、最も早いのが福岡県福岡市の「博多高砂会」（明治二十年）。

その後、京都（楽寿老人会）や熊本（上田地区老人会）などがつくられていく。

そして本格的には戦後から老人クラブが創設されていくのだが、戦後の荒廃の中、孤立し疎外感を抱えた高齢者自らが老人クラブを結成したとされている。

最も早いのは、日本国憲法が公布、施行された一九四六年（昭和二十一年）に、千葉県八日市場市（現、匝瑳市）に「米倉老人クラブ」が結成されている。

その後、全国社会福祉協議会が「としよりの日」運動を展開し、老人クラブづくりが各県で進められ、一九五四年（昭和二十九年）には全国で一一二の老人クラブがあったと記録されている。

一九六三年（昭和三十八年）には「老人福祉法」が公布・施行され、老人クラブに対する助成制度も開始されるようになった。

一九六六年（昭和四十一年）には「敬老の日」が国民の祝日として制定されている。

老人福祉法の「基本的理念」（第二条、第三条）には次のように書かれている。

> 老人福祉法（基本的理念）
>
> 第二条　老人は、多年にわたり社会の進展に寄与してきた者として、かつ、豊かな知識と経験を有する者として敬愛されるとともに、生きがいを持てる健全で安らかな生活を保障されるものとする。
>
> 第三条　老人は、老齢に伴って生ずる心身の変化を自覚して、常に心身の健康を保持し、又は、その知識と経験を活用して、社会的活動に参加するよう努めるものとする。
>
> 二　老人は、その希望と能力とに応じ、適当な仕事に従事する機会その他社会的活動に参加する機会を与えられるものとする。

一九六〇年代は、高齢者の数も増え、その存在感も実感されるようになり、各地に老人クラブがつくられ、高齢になっても社会的活動をしたいという人も多くなったと考えられる。

一九八四年（昭和五十九年）には、日本の平均寿命は男女ともに世界一となり、男性は74・2歳、女性は79・8歳となった。こうした状況を受けて「長寿社会対策大綱」（一九八六年）が閣議決定され、厚生省、大臣官房に老人保健福祉部が設置される。

一九九〇年（平成二年）には「高齢者保健福祉推進十ヵ年戦略」（ゴールドプラン）が策定される。
二〇〇〇年（平成十二年）には「介護保険制度」もスタート。
二〇一二年（平成二十四年）になると、「全老連創立50周年記念全国老人クラブ大会」が開催されている。

こうして発展してきた老人クラブなのだが現状はどうなっているのかを見てみると、一九九八年（平成十年）をピークにして老人クラブ数も、その会員数も減少してきているのが実態なのだという。

一九九八年から二〇一六年の十八年間で、三千百クラブが減少し、会員は二百万人ほどが減少しているというのである。

減少が多いのは七十歳未満の高齢者、七十歳から七十九歳までもやや減少傾向にあり、増えたのは八十歳以上の高齢者である。

いわば八十代以上の高齢者会員が増加し、七十代未満が大幅に減ったために、老人クラブの活動内容も変化してきたということなのである。

全国の老人クラブ連合会の基本姿勢は「のばそう！　健康寿命、担おう！　地域づくりを」となっている。そして、その特徴は「地域を基盤とする高齢者の自主組織」となっているのだが、自主運営をする中心が七十代後半から八十代が中心にならざるをえないのが現実のため、どうしても活動の幅が広がらず、全体として縮小傾向になってきているのが実態なのだ。

地域包括ケアシステム

次に高齢者を取り巻く社会情勢を考えてみると、二〇二五年には団塊の世代が七十五歳以上になり、高齢化率も30%を超えてしまうと推計されている。時代をもう少し延ばして二〇五五年で考えると、六十五歳以上の高齢者は39・4%、つまりほぼ40%ということになってしまうのである。七十五歳以上の場合も26・1%。こちらもほぼ30%近くなってしまう。

明らかに人口の三分の一が高齢者という時代がもう目の前に来ているのである。今でも街に出てみると、出会うのは多くが高齢者であるというのが実態である。人口で言えば、二〇一五年でも六十五歳以上の高齢者は、三三九五万人となっている。このうち、夫婦のみの世帯は、六二〇万世帯、一人暮らし世帯の人も六〇〇万世帯が現在でも存在している。

その中で、認知症の高齢者はどの位いるかといえば、二〇一二年で約二一八万人という数が公表されている。

この数が二〇二五年には七〇〇万人になると推定されており、これも深刻な問題である。その他に、要介護の高齢者を考えてみると、要支援、要介護に認定された高齢者だけで、二〇一三年で五六四万人と言われている。

もし、これだけの高齢者を老人ホームや介護施設で対応するとなれば、現状では圧倒的に施設が足りないことは目に見えている。

そこで、国の方針は介護保険法を改正して、地域で高齢者をケアしていくシステムをつくろうというのである。

それが「地域包括ケアシステム」の構築という新たな対策ということになる。

まだぼくらはこうした方向に社会全体が動いているということに気付かないでいるのだが、今回のリーダー研修では、こうしたシステム形式に老人クラブの果たす役割が重要になっているということを伝えようとしているのだと感じた。

まず今回の「地域包括ケアシステム」は、団塊の世代が七十五歳以上となる二〇二五年を目途に、重度な要介護状態となっても住み慣れた地域で自分らしい暮らしを人生の最後まで続けることができるよう、医療、介護、予防、住まい、生活支援などが一体的に提供されるケアシステムをつくりあげるというのである。

この地域包括ケアシステムは、おおむね三十分以内に必要なサービスが提供される日常的な生活圏（具体的には中学校区）を単位として想定しているという。

今回のリーダー研修では、国の策定した図が示されていて、中学校区の中に、医療機関や保健所、介護施設や介護サービスの機関があり、総合的な窓口である「地域包括支援センター」があって、連絡があればすぐに連携して対応できるようにしていくと説明されている。

しかし現実には、一人暮らしの高齢者が家の中で倒れても、誰にも発見されず、ケアが受けられずに苦しんでいる状況がある。

もし誰もが気が付かなければ、孤独のまま亡くなることだってありうるのが現実。

どうやって、一人ひとりの高齢者を見守ることが出来るのかという課題は残ってしまう。

そこで国では、二〇一五年（平成二十七年）四月から「新地域支援事業」を始めたというのである。

これまでは全国一律であった要支援者に対する訪問看護や通所介護が、これからは市町村で行うことにし、二〇一七年（平成二十九年）度までに、国から市町村にこの事業を移行していくというのである。

これを国では「地域共生社会」をつくりあげる新しい地域支援事業だと言っているというのだ。地域の人が互いに支え合って生きるというのは本当に理想の暮らし方なのだが、そのことがまだぼくたちにはほとんど何も伝わってはきていない。

ぼくらの住んでいる田谷町で言えば、近くには病院も介護センターも保健所もない。

老人ホームは三か所あるが有料である。

入所できる費用がなければ入ることはできない。横浜市がつくった「地域ケアプラザ」はあるが、歩けば一時間ほどもかかる遠方にあり、現在あるのは横浜市立の千秀青少年センターだけで、これも前もって予約をし、料金を支払って借りる会議室だけである。

常駐の職員がいるわけでもなく、日常的に相談できる場所ではない。

しかし、国の方針は「地域で高齢者の在宅生活を支える」システムをつくり、その支援事業をしなさいというのである。

全国老人クラブ連合会の講師の方の説明では、地域で暮らす高齢者の中で要支援の方がいたり、生活をするのに不便を感じている人がいた場合、孤立した人を支え、健康づくりをしたり話し相手になったりするのは、地域の老人クラブの役割だというのである。

「新地域支援事業」の中で、重要な活動は次の三つだという。

(1)　ひとり暮らし高齢者への見守り
(2)　多様な通いの場づくり（サロン、コミュニティカフェ、認知カフェ、体操教室、運動・栄養などの教室等）
(3)　多様な生活支援（安否確認、配食、外出支援等）

もう一つの「高齢消費者被害防止」には次のような活動があるという。

「啓発活動、情報提供活動、学習活動、相談活動、見守りサポーターの育成、見守りネットワークの形成活動など」


こうした多様な生活課題に対応するために、行政や社協、NPO、民間企業、協同組合や地域包括支援センターなどと連携して、地域の老人クラブがこの活動を担ってほしいというのである。

連携していく団体や機関は専門家集団ではあるが地域の人ではない。

しかし、老人クラブでは常に地域で暮らし、地域の人々と日常的に交流しているので、最も身近な存在だというのである。

しかも老人クラブには次の三つの活動が基本的な役割としてあるというのだ。

(1)　健康活動（健康づくり、介護予防活動、体操、運動、料理教室等）

(2) 友愛活動（声かけ、安否確認、友愛訪問、サロン、喫茶等）
(3) 奉仕活動（多様なボランティア活動等）

今回のリーダー研修では『老人クラブリーダー必携（平成二十九年度版）』（全国老人クラブ連合会）が配布された。

この冊子を見ると、「新地域支援事業」と老人クラブの活動をつなげ、その担い手になっていこうという意図が読み取れる。

地域社会には、まだ幼い子どもから学童期の子ども、小中高校生、大学生、そして社会人として働いている人、そして現場を離れた高齢者がいる。

その中で地域の中に身を置きつつ、比較的自由に動けるのは高齢者なのではないか、という気がしてきた。

もし高齢者が地域社会の主人公として、積極的に地域づくりに動き出し、地域での課題と向き合い、行政や社協、企業などとも連携して活動することが出来るとすれば、新たな地域活動が始まるかもしれないという気もしている。

『老人クラブリーダー必携』の中に、「めざす老人クラブ活動のイメージ」という項がある。

その中で、これからは市町村の実情に応じた多種多様な取り組みが必要になるが、今後は「友愛活動」と「健康づくり活動」をより広くとらえ、「多様な生活支援」「多様な通いの場」を念頭に以下のような取り組みを総合的にすすめたいと書かれている。その内容は次の通り。

(1) 多様な生活支援（日常生活の困りごと支援、ゴミ出し、買い物、家事援助、外出支援等）
(2) 多様な通いの場づくり（サロン、ふれあい喫茶、集いの場づくり等）
(3) 見守り支援（声かけ、安否確認、話し相手、参加の誘い、異常の気付き、関係機関との連携）
(4) 健康づくり支援（健康づくり、介護予防活動、認知症、権利擁護等の学習と要支援者への支援等）
(5) 情報伝達支援（防災、避難、防犯、制度活用、消費者被害防止等）

こうした活動を通して、高齢者の社会参加による共生社会の実現に寄与したいというのだ。また、こうした活動成果を高めるためには、行政や関係団体、社協などとの連携が重要である。そのためには、行政からの要請を待つのではなく、まずは仲間である老人クラブの一人ひとりの思いや意見をジックリと聴き、そのニーズを受けとめつつ、一つ一つの活動を着実に形のあるものにし、安心して暮らせる地域共生社会を実現していく必要がある。

第一回目のリーダー講座を受けながら、ぼくはそんなことを感じ、考えていた。次回以降も楽しみである。

高速道路と地域の分断

ぼくらの住む田谷の町に高速道路が建設され、広大な田園を埋めたて巨大なジャンクションをつくるという計画が、いよいよ最終段階に入った。

一九八九年（平成元年）に計画が発表され二十九年になるのだが、ほとんどの土地が国に収用され、ぼくの家のアパートと、もう一軒を残すのみとなった。

この間、国土交通省の方々と何度となく話し合いが行われ、測量も行われ、工事をめぐっては田谷町内会との話し合いも行われてきていたのだが、国会、県議会、市議会での審議も終了して、土地収用法に基づいての収用委員会が開かれることになった。

国土交通大臣と東日本高速道路株式会社から土地収用法に基づく裁決の申請及び明渡裁決の申し立てがあったのは、今年（二〇一七年）の三月二十八日。

その後、申請書類の写しが、栄区役所で二週間にわたって縦覧され、その後、事業認定に対する不服等がある場合は意見の提出ができるということで、ぼくと弟で意見書を提出したのであった。

その結果、九月十四日に第一回の審理を行うので出席して意見を述べるようにとの通知が届いた。

弟と二人、緊張してその日、指定された神奈川県収用委員会審議室へ行く。

会場は、神奈川県合同庁舎の五階。

ものものしい雰囲気で国土交通省、県、市の道路局の関係者がビッシリと席を埋め、その一番前に座ることになった。

やがて神奈川県収用委員会の佐藤昌樹会長を先頭に収用委員のメンバーが、書類の束を抱えて前の机に座り、審議は始まった。

審議というので、ぼくらに自由に発言させてくれるかと思ったら、審議委員が用意された文書を読みあげ、事前に提出されたぼくらの意見書の内容について、何点か質問するという形式であった。

ぼくらが一番前に座っているのに目を合わすことも、挨拶をすることもなく淡々と書類を読みあげ、質問したい内容を述べ、それに対する回答だけをするようにと繰り返す。

何だか罪人が尋問を受けているような気分になってしまった。

しかも質問の内容は、収用する土地の範囲、損失補償の内容、権利取得の時期及び明け渡しの期限に関するものだけに限られるという。

八月三十一日付で提出したぼくらの意見書にぼくらはこのように書いておいた。

「私たちは、高速道路建設の計画が発表された一九八九年から地元町内会の方々と共に田谷の農業と自然環境を守るために反対活動をしてきました。

私たちは老後のこと、また子ども達の生活のことも考え、一九九〇年にアパートを建てたのですが、この土地、アパートが高速道路建設の予定地となり、今回収用委員会の決定により明け渡すことになりました。つきましては以下の三点についてご配慮を願いたいと思います」

その上で、ぼくらがお願いしたのは、地域の一人暮らしの高齢者、高齢者のみの世帯が多くなり、生活に不安を抱えている方々も多く、いつでも相談に行けたり、交流ができる場所がほしいという意見が多く、支え合える地域づくりをしたいと望んでいる方々がいる。

高速道路とジャンクションが出来ると、地域が分断され、交流の機会も少なくなる。

町内会館も老人のいこいの家もない状況なので、高速道路予定地で使用しない土地などあれば、町内会、老人クラブ等に貸していただけないか。

また、田谷では古代遺跡が見つかり、自然環境、水資源が豊かであったことがわかり、私たちとしては、この自然環境、豊かな水源、水路を守りたいと思っている。

ついては水路が分断されたり、水源が壊されないような配慮をしていただけないか。

最後は、ぼくらのアパートは、今年の七月にようやく借金を返し終わり、いよいよこれからアパートの代金が入ってくる時になったのに、それが打ち切りになってしまう。

また、入居者も既に退去を始めており、収入もこれからなくなってしまう。

その点を配慮してほしいという内容を書きこんだのだが、最後の点についてのみ質問があり、審議はわずかの時間で終了してしまった。後日結果が知らされるという。

沖縄の基地建設といい、福島の被災者への対応といい、何という国の対応であろうか。

きょうは九月十八日、敬老の日。

田谷町内会と老人クラブで敬老の会をこれから開く。参加者四十六名のアンケートも行うつもりでいる。

高齢者の思いを受けとめ、安心して暮らせる地域づくりの先頭に、ぼくらが立たねばならないのではないかという思いが、ますます強くなってきた。

12

子どもと高齢者をつなぐもの

やりたいことは何ですか

今年の九月十八日は月曜日であったが「敬老の日」として祝日に定められていた。したがって全国各地で高齢者のためのさまざまな催しが行われたと思うのだが、ぼくの住む田谷町では町内会主催の「敬老お祝いの会」が行われた。

町内に住む七十五歳以上の高齢者を招待し、町内や各種団体の役員の方々がお祝いの言葉を述べ、式典の後は町内会で準備した食事をいただきながらの懇談会。そしてカラオケ大会も行われ賑やかな一日となった。

田谷町に住む七十五歳以上の高齢者は、栄区役所の調査によれば、一九六人となっている。この対象者の方々を地域の民生委員さんと、町内会の役員の方々が一軒一軒廻って歩き、参加するかどうかを尋ねるという作業が行われ、その結果当日参加される予定者は四十六名と報告されていた。

座席や食事、資料なども事前に用意され、開催予定の午前十一時には四十五名の方が参加された。一名の方は体調を崩し欠席であった。

しかし同じ地域の高齢者が一堂に集まるのは一年に一度のことで、久しぶりに顔を合わせることになり、和やかな雰囲気であった。

今年八十七歳になる長生会（老人クラブ）の副会長、浅野和枝さんは参加者一人ひとりに絵ハガキを手製で作り、配ってくれた。

手書きの絵と筆文字がマッチしていて、これも楽しみの一つであった。

「浅野センセー、いつもありがとうございます」

かつて小学校の教師であった浅野さんのことを知っている人からは、こんな声がかけられる。

この日の式典は、まず町内会長の加藤重雄さんのお祝いの挨拶から始まった。

「私たちが暮らすこの町は、皆さま方のお力によって今日まで守られ発展してきました。先輩の皆さん方のご努力とご協力に心から感謝を申し上げます。

かつて私たちの人生は五十年と言われていました。しかし現在では人生八十年、いや九十年と言われる時代になりました。

そう考えますと皆さんの人生はまだこれからです。今後とも地域の先輩として皆さんの経験や智恵をお貸しいただきたいと思います。

私もまだ六十代の半ばで若輩ですが、今回長生会の仲間に入れていただくことになりました。どうぞよろしくお願いします。

本日はささやかな集いですが、ぜひ楽しんでいただきたいと思います」

ユーモアを交えた挨拶にスッカリ会場は和み、笑い顔も拡がっていく。

その後、連合町内会長、地元の小学校の校長の祝辞、そして地元関係の議員からも次々と挨拶が行われ、食事会になっていった。

この日、長生会では高齢者の方々に事前配布という形でアンケートをお願いしていた。

そして、この日回収することになっていた。

アンケートの質問内容は次の二つ。

一つは「あなたのやりたいこと、やってほしいことはどんなことですか」

もう一つは「あなたが心配していること、困っていることは何ですか」というもの。

回収したアンケート用紙を整理してみると次のような内容が書かれていた。

まず「やりたいこと、やってほしいこと」

- カラオケが好きなので、上手ではないが気楽に、そして自由に歌える場がほしい。
- 散歩の延長のような軽い歩く会のようなものがあれば参加したい。
一人では時々歩いているが誰かと話しながら歩けると楽しいと思う。

もし可能なら、一人では中々行けないような場所を決め、そこまで行って見学したり、説明が聞けるともっとうれしい。
- 近頃、大地震や大洪水があり、いつ何があるか分らないので不安がある。
水や食べものの準備やトイレが使えなくなった時のこと、避難場所の様子など、特別な日の訓練だけでなく、ふだんの生活の中でいろいろとやれるといい。
必要なことを日常的にやれると気持ちが落ちつきます。
・長生会に入ってほしい人がいるが、声をかけにくい。何か楽しいことがあると一緒に参加しやすいのですが…。
例えば、落語を聞く会とか合唱会。俳句や短歌の会。絵を描く会でもいい。
そんな集まりをつくりたいです。そして会員がふえるとうれしいです。
・いつのまにか年をとり、不安なことが多いです。認知症や体の健康のこと、遺言や相続税のこと、葬式のこと。
一人では調べられないのでそんなことが相談できたり話せる場がほしい。
・お茶会などのできる気楽なサロンをつくりたい。町内にどこかそんな老人のサロン、喫茶店のようなものはできないか。
空き家などあれば、皆で改装して、そんな場をつくりたい。
・世の中がどんどん進み、分らないことが多くなっています。
政治や経済、歴史や文化、芸術など何でもよいので新しい知識や情報も学びたい。田谷老人大学、名前は少し恥ずかしいがシニア大学みたいなものができたらよい。

次に「困っていること、心配なこと」

・健康不安がある。体のあちこちが老化していくので、いざという時の心配がある。
また、不安な時、相談できる場がない。
・天変地異（天災）への不安、心配がある。
・時の流れが早く、追いつかず不安になる。
・この地域に食べものや医薬品、家具などを買いに行ける店やスーパーがなく心配。
また郵便局や病院、診療所もなく困っている。
・連れ合いが亡くなり一人暮らしです。
身の廻りのこと、片付けなどに困っています。何か困ったことがあった時、相談したり連絡できる身内もいないので心配です。
・どこかへ行こうとする時、交通の便がよくなく困っている。
特に役所や福祉関係の場所に行く時、何回も乗り換えなければならず遠いので困っている。

もし、直接行けるバス、タクシーがあればよいと思っている。

移動が必要な時、直接行かなければいけない時に困ってしまう。


このような要望や心配ごとなどが集まってきたので、長生会の次の会報にこの内容を載せてみて、同じようなことを思っている人、又もっと違ったものがある人などの意見を集め、具体的な提案や解決策を一緒に考えてみたいと思っている。

忘れたいけど忘れてほしくない

二〇一七年九月二十三日（土曜日）の昼、ぼくは横浜を走る地下鉄線の「元町・中華街駅」で下車して、ユックリと坂道を登った。

坂道を登りつめるとそこは「港の見える丘公園」。柵の下には横浜港が見渡せる。

この日、この公園を少し入ったフランス山公園の中にある「愛の母子像」の前で小さな集会が予定されていた。

ぼくの持っていたチラシには「和枝さん母子の願いを語り継ぐつどい」と書かれ、その横に「一九七七年九月二十七日の横浜米軍機墜落事件から40年」とある。

一人の若い母親が二人の子どもを抱え、ニッコリとほほ笑みかけている母子像が建つ周囲に、百名を超える市民が集まり、既にその催しは始まっていた。

親に手を引かれた幼い子ども達も、セーラー服姿の女子学生もいる。

一九七七年九月二十七日、午後一時二十分。

米軍厚木基地を発進した米海兵隊所属のファントム偵察戦闘機が、離陸直後にエンジン部分から火災を起こし、火炎を吹きながら大和市、町田市の上空を飛行し、基地から十三キロメートルほどの横浜市緑区（現・青葉区）荏田町に墜落。墜落地点は宅地造成中で公園と数戸の民家が並んでいた。

墜落と同時に地鳴りと大音響、火柱と黒煙が立ち上がり、一瞬にして周囲は火の海になったといわれている。

工事現場にいた人たちによる必死の救助活動の結果、二人の幼児を含む九名の重軽傷者が近隣の病院に分散して運ばれ入院。

しかし、救急病院に運ばれた三歳と一歳の幼い兄弟、裕一郎君と康弘ちゃんは「水をちょうだい……」「バイバイ……」の声を残して翌朝未明に相次いで息を引きとったという。

二人の兄弟の母親、和枝さんは別の病院に運ばれ、全身大火傷で瀕死の重態で家族も含め面会謝絶の状態であった。

死ぬほどの苦しみの中で数十回にも及ぶ皮膚移植手術にも耐え、車椅子で動けるようになった和枝さんに愛児の死が知らされたのは、墜落事件から一年四か月が経過していた。

それまで和枝さんの病状は深刻で、医師からも肉親からも事実を伝えることができなかったというのだ。

当日配られたチラシの中には、このように書かれている。

「悲しみのどん底に落とされ、涙がかれるほど泣き続け、肉親に語った最初の言葉は〈もう一度、この胸の中に裕一郎と康弘を抱きしめたかった〉でした。

言い尽くせない悲しみの中で〈子供は私に生き残ることをたくして逝ったのだと思い、なにがなんでも生きぬく決意をした……〉」と闘病日記に書いた和枝さん。

けれども母親の和枝さんは病院側の信じられないような行為によって、被災から四年四か月後の一九八二年一月二十六日に亡くなってしまうのである。

和枝さんの父親、土志田勇さんは著書『米軍ジェット機事故で失った娘と孫よ』（七つ森書館）

の中でこう書いている。

「私にとってあのジェット機事故は思い出すのもおぞましい。できることなら記憶から抹殺してしまいたい出来ごとです。

けれども、二度とおなじ悲劇を繰り返さないためにも、そして必死に生きようとした和枝のためにも、眼を背けず、語り継いでいくことが父親である私の使命だと思うのです」

こうして、土志田勇さんが発案して「二人の子を抱きしめる母親の像」をつくる活動が始められ、一九八五年一月十七日に「愛の母子像」は横浜市の「港の見える丘公園フランス山」に建立除幕されることになった。

それ以来、この場所で「和枝さん母子の願いを語り継ぐつどい」が行われ続け、今年で四十回目を迎えているということであった。

この四十回目の集いでは朗読劇が行われ、横浜市立日吉台中学校の演劇部の生徒たち十五名によって行われた。

タイトルは「あの空よりも遠く」(構成・井上学)であった。

あの米軍偵察機の墜落事件と、その後の母と子の現実を再現した後のラストはこのような朗読になっていた。


私たちは思います。

和枝さんの悲しみを忘れてはいけない。

（全員）忘れてはいけない。
私たちは思います。
和枝さんの苦しみを忘れてはいけない。
（全員）忘れてはいけない。そして——
生きていれば、もう三十歳をとっくに超えて、幸福な人生を送っていたであろう裕一郎君と、康弘ちゃんの
無惨に断ち切られた短い生涯を、忘れてはいけない。
（全員）忘れてはいけない。
……（中略）……
あの雲よりも高く
あの空よりも遠い彼方から
わたしたちを見つめるそのまなざしを
その願いを
いつまでもいつまでも
（全員）私たちは、忘れない。

精一杯、全力で語り、叫び、つぶやく中学生の朗読劇を聞きながら、全国各地で、そして世界中でくり拡げられている戦争と、そのための軍事基地での無数の悲劇を思い浮かべていた。中で

も一九五九年六月三十日の沖縄の宮森小学校に墜落炎上した米軍機事故は悲惨であった。午前十時三十分、授業中の宮森小学校に激突した米軍機のため二百名以上の生徒が重軽傷を負い、近隣の方を含め十八名（後に犠牲になった一名を含めて）の子どもと住民が亡くなっている。

沖縄ではこの事故を決して忘れてはいけないと毎年六月三十日に、宮森小学校を会場に追悼会を開いてきた。

そして、当時の生徒、教師たちが重い口を開き始め、記憶を風化させてはならないと証言集『沖縄の空の下で』を刊行し、資料館「石川・宮森630館」の設立へと動き始めることになった。

その中から二つの動きが始まった。

一つは、日本復帰四十周年目の節目（二〇一二年）に、県民の思いを込めて宮森小学校の事故を映画化するという企画であった。

その結果『ひまわり─沖縄は忘れない、あの日の空を』（ひまわり製作委員会）が完成し上映会が全国的に始まった。

もう一つは、宮森小学校の事故を劇化して上演する試みが県内の中学、高校で始まったことである。中でも宮森小学校の遺族や体験者からの聞き取りを重ねて作られた舞台「フクギの雫《しずく》」は多くの県民に感動を与えた。

高校時代にこの演劇に参加していた前田美幸さんは、後に伊波中学の教師となり、伊波中学校の演劇同好会の顧問となり、沖縄県の大会で舞台上演の結果、優勝し、横浜での全国大会に参加することになったのである。

それが二〇一七年八月のことである。

神奈川新聞は、このように報じている。

「横浜での全国大会では会場が静まり返るほど迫真の舞台を披露した。公演前には港の見える丘公園（横浜市中区）を訪れ、40年前の米軍機墜落で亡くなった母子3人を追悼する〈愛の母子像〉を前に、その無念を感じた。……忘れたいけど忘れてほしくない。忘れてはいけない。

遺族の思いは、いつの時代もどこで暮らそうとも変わらない。」（二〇一七年十月十二日）

沖縄の伊波中学校の生徒と先生が、この母子像の前に来ていたのだ。

沖縄と横浜がつながり始めている。

不思議な感動がぼくの中で渦巻いていた。

子どもと交流できる場

九月二十八日（木曜日）、この日ようやく開かれた臨時国会は、ほんの十数秒で解散になった。それ以前に起こった「森友学園問題」や「加計学園問題」、また「憲法改正」の議論などが不十分なまま、国会での説明もされていないので丁寧な議論をしてほしいという野党の要求に応えるはずの国会開会であったはずだが、一切の議論がないままでの冒頭解散という形になってしまった。

そして今、衆議院選挙が始まっている。

北朝鮮をめぐるアメリカとの緊張関係もますます激しくなってきていて、互いに武力攻撃を辞さないという状況になってきている。

そして日本は、北朝鮮に対して強行路線をとるアメリカに全面協力をするという形で、合同軍事演習も行っており、北朝鮮との関係もより悪化してきている。

こうした緊張関係の中、十月十一日の午後五時すぎ、沖縄本島北部の米軍北部訓練場（沖縄県東村など）近くで米軍普天間飛行場（宜野湾市）所属のCH53大型輸送ヘリコプターが大破、炎上したというニュースが飛び込んできた。

炎上したCH53は、輸送機オスプレイと同じく米海兵隊が運用しており、オスプレイより多くの輸送能力があるといわれている。

しかも、このCH53は二〇〇四年八月に、普天間飛行場近くの沖縄国際大学の構内に墜落し、米兵三人がけがをした事故を起こしている軍事用のヘリコプターなのである。

近くには民家もあり、大事故になった可能性も否定できず、米軍による事故が続いている沖縄では不安が高まっている。

ただちに原因調査などが必要なのだが日米地位協定により、米軍の同意がなければ日本側での捜査や差し押さえが出来ないことになっている。

沖縄国際大学に墜落した米軍ヘリの場合も、一週間余にわたって現場には日本の関係者は立ち入れないという現実があった。

また、横須賀港からはロナルド・レーガンという軍事用の巨大な艦船が出港し、臨戦体制に入ったと報道されている。

いつ何が起こるかわからない緊張関係の中にいるのに、ぼくらには直接こうした動きに関わることのできないもどかしさがある。

国会が解散された九月二十八日、ぼくらは千秀センターの会議室で「地域の学習会（出前講座）」と名付けた集まりをもっていた。

高齢化し体力も落ち、筋力も弱ってくる中で日常的なリハビリテーションをどうしたらよいかというテーマで、地域包括支援センターと、田谷にある高齢者介護福祉施設「ケアポート・田谷」、そして田谷町内会と長生会（老人クラブ）の参加による第一回目の合同学習会である。

田谷は地域包括支援センターからは離れた場所にあり、なかなか訪ねて行くことも出来ない。しかも豊田地区と笠間地区の境界にあるため、どちらとも関係が薄く、取り残された形になっていた。

また「ケアポート・田谷」は、このあたりでは唯一のリハビリ機能をもっており、デイケアもしているのだが、その実態を知る機会もなかったし、一人で訪ねるのも難しかった。

この日は、町内会の役員と長生会のメンバー二十人ほどが集まったのだが、始めに各事業所、施設の説明があり、リハビリテーションの考え方や日常的な訓練についての実習もあり、楽しい学びの場となった。

その後、二つのグループに分かれ、自己紹介から、自由な話し合いに入ったのだが、これがとてもよかった。

参加者一人ひとりのこれまでの人生経験も共有でき、今考えていること、悩みなども素直に話し合うことができた。

その中で年を重ねてくると、これまでは自分のやりたいこと、仕事中心に生きてきたが、これからは暮らしている地域社会の中で、何かやれることを少しでもやりたいと思うようになるという意見が多かった。

中でも地域の子どもたちを見ていると楽しいし、何かしてあげられることがあればしてやりたいという発言があった。

これまで長生会の会長を務めてきた川副栄一さんは、毎朝道路に出て登校してくる子どもたちの交通安全の仕事をしているが「おじさん、オハヨー」と声をかけてもらうのが嬉しいと言う。また年に何回か小学校に呼ばれ、昔の遊びを教えているのだが、それも楽しいという。次の世代と関わることで元気がもらえるし、自分の役割を感じるというのだ。

毎週一回、千秀センターの庭の清掃をしているグループの人も、ここで子どもたちが安心して遊べるようにと参加しているという。

高齢期になると、次世代に生きる子どもたち、若者たちに何かしてあげたい、残してあげたいという気持ちが湧いてくるのかもしれない。そして地域への愛着も強くなるような気がする。

「愛の母子像」をつくられた土志田勇さんは、娘さんとお孫さんの無念な思いを受けとめ、二度とこのような悲劇の起こらないようにと、あの事故を語り継いでこられた。

また、宮森小学校の大事故の関係者もまた、このような不幸な事件が起きないようにと「資料館」をつくり、証言集をまとめ、追悼会を継続してこられた。

現在も、こうした活動を担っているのは高齢の方々である。人は誰でも平和で安定した暮らしを望んでいる。人の命が奪われるような悲劇を望んではいない。そのことを一番感じているのがぼくらの世代ではないかと思う。

こうした思いでいる高齢者と、地域の子どもたちが自然につながり交流できる場を何とかつくれないかなァと考え始めている。

子どもと高齢者のつながりは新しい地域社会をつくりあげるような気がしてならない。

田谷長生会の定例会後のリクリエーション体操の様子（2017 年 10 月）

13

聴く力と話す力の再発見

話を聴くこと、それが仕事

二〇一七年十月二十九日（日曜日）に、ぼくは久しぶりに東京の新橋駅に降り立った。東京の風景もグングンと変わって、ぼくの知っている東京とはまるで異なった街になってしまっている。

この日、ぼくは改札口で長い間の友人である岸田哲君と阿木幸男さんと、会うことになっていた。数年前までは毎年一回「賑栄い塾」という集会を開いていて、二泊三日の間、寝食を共にして語り合ってきていたので、それぞれの活動の場は違っていても、繋がり合っているという実感はあったのだが、この集まりがないと中々連絡を取り合うこともなくなっていた。

久しぶりに三人で会おうということになり、この日の再会になったのだが、この時ぼくらが話し合った場所は、新橋駅前の大きなカラオケ店の一室であった。

岸田君が知り合いの弁護士さんに静かに話のできる会議室はないだろうかと尋ねたところ、カラオケルームがいいと教えられたというのだ。弁護士さんも面会や会議の時よく使うというので、この店を予約してもらったのだと岸田君は笑っていた。三人共に慣れない受付をすませて個室に入ると防音装置もあり、画像や音を消すと静かになった。

阿木さんは三人の中では一番若く今年七十歳。予備校の講師をしつつ、平和運動の活動家として世界中を駆け廻っていたのだが、数年前に脳梗塞で倒れ、しばらく入院もしており、ぼくらも心配していたのだが、日常の生活ができるところまでは回復し、ぼくらもホッとしていたのだった。

その日は阿木さんの話から始まった。

「ぼくらの学生時代は、自分たちの力で社会を変えていくんだということが生きる目標で、当然のこととして学生運動をしていたし、社会に出てからも社会運動をしていた時代だった。

ところがその後の人生をふり返ってみると、多くの人は会社や企業、行政という組織に入って、いわば会社人間、組織人間、仕事人間として生きることになってしまった。

ぼくも予備校の教師になったけれど、やはり一つの企業という組織の一員に組み込まれてしまい、その中で働くことになっていた。

そして気付いてみると、自分の所属している企業や組織を変えることも大変で、ましてや大きな社会を変えていくことなどできないという現実にぶち当たってしまった。

しかも、その組織の中で精一杯働かなければ、生きていかれないという現実もあって、どうしても無理して働いてしまうことになる。その結果、体をこわして病気になってしまう人が多くなったんだ」

阿木さんも三十代で一度過労のため脳梗塞になり一か月ほど入院したという。

　しかし、過労状況は続いてしまい、六十代で二度目の脳梗塞となり、五か月近くの入院と闘病生活になったのだという。

「自分の体に過信があったと思います。仕事以外の社会活動も含めて、やれると思っていましたし、今考えると大分無理していたと思います。食事や睡眠も不規則でしたし、体を休めることも考えなかったですからね」

　六十代の半ばを超えて倒れ、自由がきかなくなって入院生活をしている中で、阿木さんは人間の生き方を深く考えるようになったと言う。

　同じ病棟に入院している人の多くは、身体が不自由な人で、若い頃から無理をし、体を酷使してきた人が多かったと言う。

　そして、もっと自分自身の体のことや、健康のことも考えて生きてこなければいけなかったと感じているとも言うのだ。

「自分一人で頑張れば世の中は変わると思い込んでいたところがありますね。

　まわりの人と一緒にやらなければ現実は変わらないということ、食事もキチンととって睡眠もとって体を休めなければいけないということにも目が向かなかったんですね」

　阿木さんは、毎日キチンと食事を作り、自分に合った食材を食べ、散歩にも出て運動もし、睡眠もとる生活をしているという。

　日々出会う人とユックリと向き合い、話もし、食べること、歩くこと、眠ること一つ一つを大事にしているというのだ。

「どうも頭でっかちになってしまっていて、自分で考えた通りのことができると思い込んで生きてきてしまったんですね。

一緒に暮らす人と共に生きていくという視点が欠けていたように思います」

今は、かつての予備校の生徒たちが連絡をしてきて、時々会っているという。

卒業生たちは大学へ行き、社会人となりやはりいろいろと悩みを抱えてやってくるので、一緒になって考え、今の阿木さんの思いを伝えているという。

「この頃思うんですよ、女の人は身一つで生き、自分の言葉で自由に話している人が多いですね。知り合った人たちと一緒に暮らしを無理なくつくっていく、変えていく力がある。

これからは地域に足をつけて、日々一緒に生きていくこと、ここからしか社会は変わらないということに気付かされています」

阿木さんの表情は落ち着いていて、満たされているように感じた。

ずっとうなずきながら聴いていた岸田哲君が口を開く。岸田君も七十五歳になった。

「ぼくも職場をやめてから、地域の自治会の役員や、地域包括支援センターの手伝いをしているんだけれど、その中心的な内容は、話を聴くことなんだよね」

話を聴いてくれる人がいると、誰もが心を落ち着け安心するというのだ。

「話を聴いてくれるというのは、自分の中でもやもやしていた気持ちを整理してくれたり、落ち着かせてくれたりする役割なんだよね。

何も答を求めているわけではないし、結論を求めているわけでもない。結局、どうするかは本人自身が自分で見つけるわけなんだから」

哲学者の鶴見俊輔さんも人の話をよく聴く人だったという話にもなった。

そして、現代はジックリと聴いてくれる人、安心して聴いてくれる役割の人がいなくなっているのではないか、ということにも気付かされた。

ぼくは二人の話を聴きながら、年寄りというのは、長い人生を生きてきて、現代を必死に生きている人の話を聴くこと、聴き役になること、それが仕事なのかもしれないという気がしてきていた。

岸田哲君は今、大学で聴講生としてアラビア語と民俗学の勉強をしているという。

言葉の異なる人との対話、文化風習の異なる人たちの暮らし方、考え方を知らないと聴くことも話し合うこともできないと考えて、この二つの科目を学んでいるのだという。

この日の三人会は、とても心に残っている。

私たちはここにいる

二〇一七年十月三十一日に、ようやく『沖縄子どもの貧困白書』（かもがわ出版）ができ上がった。

数年間をかけて、沖縄県子ども総合研究所が沖縄県の委託を受け、県内外の実践者、研究者、自治体の職員の方々の協力を得て、沖縄県内の小、中、高校生及びその保護者へのアンケート調査を行ってまとめられた報告書である。

ぼくもその一端を担わせてもらった者として、このような形で出版されたことがとてもうれしい。

最近、朝日新聞のWEBRONZAで評論家の野上暁さんが書評を書いてくれた。

その中で、政府は子どもの貧困対策会議を設置し、二十五項目の指標をあげて、その改善を指示し子どもの貧困対策計画を策定するよう指針を示したのだが、この中に述べられているのは、生活保護母子世帯（0・7%）、児童養護施設（0・3%）、ひとり親世帯（7・6%）と厳しい生活状況におかれた子どもたちの状況把握であってすべての子どもたちの生活実態把握をしたものとは言い難いものであった。

それに対して沖縄県議会では、県民の生活実態に即した計画策定を行うべきだとして、今回の子どもの貧困実態調査を行うことになったと説明した上で次のように述べている。

「データによると、小学校高学年の子どものいる世帯の年間世帯収入は、二〇〇万円以下が23・3%で、全国の6・7%の約三倍。

二〇〇万円～三〇〇万円以下は、沖縄が20・0%だが、全国では8・2%。

年収三〇〇万円未満の家庭が、累計で43・3%と他都道府県に比べて圧倒的に高いのだ。…ちなみに、離婚率、母子世帯の割合、新規高校卒業者の無業者比率、新規大学卒業者の無業者比率などが軒並み全国で第一位。

それとは反対に、高等学校進学率、大学等進学率、高卒男子、女子の初任給、大卒男子の初任給、パソコンの所有者数などはすべて全国で最下位である。

これらの数字は、インタビューや証言から見る貧困の様態と微妙に絡み合っている」

野上さんは、『沖縄子どもの貧困白書』の中から幾つかの事例を紹介した後、沖縄の子どもの貧困率は29・9％であり、全国平均の13・9％の倍以上にもなっていることを述べた上で、こうした厳しい現実に向き合い、切実な課題であるが故に、市民と行政、つまり「官と民」が総力をあげ、力を合わせて取り組んでいる実態を評価し、全国のモデルになっていく可能性についても言及してくれていた。

ぼく自身、沖縄での県民一致しての取り組みが全国の自治体に拡がっていってほしいと思っていたので、こうした野上暁さんの評価は本当にうれしかった。

『沖縄子どもの貧困白書』の巻頭メッセージで翁長雄志県知事はこう述べている。

「子どもの貧困問題の解消なくして、沖縄の将来の希望はない」

この言葉は短いが、子どもという存在が次の時代を担っていくことを考えると重い言葉だということがよくわかる。

そして実際、沖縄県は「沖縄県子どもの貧困対策推進基金」として三十億円を積み立て、二〇一六年から二〇二一年までの六年間に子どもの貧困対策の資金として活用することを決定しているのである。

具体的には、子どもの貧困対策支援員を配置することにし、二〇一七年六月一日現在で二十八市町村に一一九人の支援員を配置している。

また、子どもの居場所づくりとして、地域の実情に応じて、食事の提供、生活指導、学習支援、キャリア形成支援等を行い、日中や夜間、子どもが安心して過ごすことのできる居場所づくりの支援も始めている。

二〇一七年六月一日現在、二十五市町村に一一一か所の居場所が既に設置されている。また「沖縄子どもの未来県民会議」（会長・沖縄県知事）も二〇一六年六月に設置され、一一〇団体が会員となって、子どもの貧困解消に向けて活動を開始している。

今回の『沖縄子どもの貧困白書』の最初に「語り始めた若者たち」の章があり、その中の一人、金城さや佳さんは「私たちはここにいる」という文章を寄せている。

その中で彼女はこう書いている。

「私は、病気の両親の四番目の子どもとして生まれました。

……私は生まれてすぐに乳児院に預けられ、一歳で里親、小学四年生で児童養護施設で暮らすことになります」

金城さんは、児童施設入所中は、問題のない子として成長していく。

「しかしそれは、おとなに甘えることができない子どもでもあるということでした。

……職員は日々の生活に追われ、子ども一人ひとりに満足に相手をできるような状況ではありませんでした」

こうした状況の中で子どもたちは、周囲の空気を読み、どうすれば周囲から認められるかを考え、行動していくというのだ。

「私の場合は、極端に空気を読むようになり、認めてもらえなければ自分の存在価値がないように感じていました。

そのままの自分に価値がなく、自分が世の中にとっての何者でもない孤独はとても苦しいものです」

高校生になると、周囲の友人との環境に気付くようになる。

携帯電話が持てないこと、外出届けを出さないと友人と遊びに行けないこと。

被服費の予算がないため、流行の服や靴が買えないこと。こうした思いがあっても、周囲からはぜいたくだと言われてしまう現実がある。

クラスの子どもの九割は携帯電話を持ち、学校の帰りには話題のアイスクリーム屋に寄り道をしていく現実。

金城さんはこうも書いている。

「みなさんの言うぜいたくが、あの頃の私には死活問題でもあるかのように感じられ、とても惨めな思いをしました。

少しの惨めさやがまんの積み重ねが子どもの自己肯定感を低くしていきます。

そして、私たちが生きるこの日本の社会では、〈がまん〉や〈自己犠牲〉は美徳とされ、〈権利〉や〈社会的責任〉を訴えるとぜいたくだ、わがままだとバッシングされます」

こうして、彼女たちの惨めさや恥ずかしさは行き場を失い、自分の状況を無理やりでも、感謝して生きていくことで自分を保っていく他はなかったと言うのだ。

文章の最後に金城さんはこう書いている。

「私たちは、望んで子どもの貧困の当事者になったわけではありません。私たちもみなさんと同じように、親に愛され、日々の生活の知恵を得ながら、好きなことを望み、経験する権利はあるはずです」

金城さんの文章にあるように、厳しい生活状況にある子どもたちは、常に「貧困家庭に育つ自分を意識させられ、他者からの恩恵に感謝すること」を強要されているのが現実。

生活保護制度も就学援助制度も、すべてが申請主義であり、子どもたちは常に自分の環境について意識させられ、傷ついている。

そうではなくて、子どもにとって必要なものはすべての子どもたちに確実に届くようにする制度が必要ではないかと思う。

子どもたち全員が気兼ねなく給食を食べ、遠足や修学旅行にも行けるしくみを今すぐにでも整えること。

親が申請や手続きをしなくても、子どもが教育や福祉のサービスを受けられ、子ども自身が気兼ねしたり、周囲の目を気にしなくても、安心して生きられる暮らしを保障すること。それが、貧困によって苦しんできた子どもたちの一番望んでいることに違いない。

今回『沖縄子どもの貧困白書』はそんな社会を日本中でつくるための呼びかけのつもりである。ぜひ活用し、活かしてほしいと願っている。

子どもの頃の夢と憧れ

十一月四日の日曜日。千秀センターの公園は早朝から田谷町内の人々が集まり、今年で二十回目を迎える「田谷ふれあい広場（いも煮会）」が行われた。

何回かの実行委員会が行われ田谷長生会（老人クラブ）は千秀センターの清掃（落ち葉集め）と、グランドゴルフの実演、会場整理などを担当しており、多くの会員が集まり、会場清掃を行った。

今回の「ふれあい広場」は、本当は十月二十二日に行う予定だったが、国会が解散になり衆議院議員の選挙が行われることになり、延期になったのであった。

しかも、この選挙の日は台風二十一号が関東地方にやって来て天候も大荒れだった。

その意味では好都合で、しかも十一月四日は秋晴れの快晴となった。

中心は、昼に準備されたいも煮とご飯、飲物などで子どもから高齢者まで町内の人がたくさん集まった。また地元の農家の地場野菜の即売会、子ども会の輪投げ大会、老人クラブのゲートボール、さらには田谷コグニサイズグループの体力測定などが行われた。

そしてアトラクションとしては、千秀小学校の生徒たちの和太鼓、住友電工のバンド部の生演奏、フラダンスグループの踊り、そして栄消防団の防火（放水）実演などもりだくさんの催しで参加者は五百人を超える盛況であった。

最後にはビンゴゲームまで用意され、誰もが一喜一憂しながら賞品をもらうのを楽しみにしていた。

この日、長生会（老人クラブ）のメンバーも多数集まったので、子どもの頃の夢や憧れと、その後の人生について伺ってみた。

一人ずつ聴いていったのだが、途中から人が集まってきて、ちょっとした自己紹介の場になってしまった。

そのうちのいくつかを紹介したい。
まず驚いたのは、戦争中に子ども時代だった方々にとっては、将来の夢よりも生きることに必死だったという率直な話が多かった。
「子どもの頃は兵隊さんになるしか考えていなかったよ。いつも腹が減っていて食べることで頭が一杯だったなァ。社会に出てからは会社員になったが、いつもひもじかった頃のことを思い出して、食事は早食いだったなァ」（男性、八十代）
「父は戦死して、母が子どもたちの世話や仕事で大変で、早くお嫁さんになって家族を作ってご飯を食べたいと思っていた。
実際、私も早くに結婚したけど、子どもの頃は大変だったという思いだけよね」（女性、七十代）
「子どもの頃は悪ガキで、他の家の柿やなんかを盗んだりして必死に生きてたな。何になりたいなんて考える余裕はなかった。
どうやって生きるかいつも考えていた。小学生の頃からずっと新聞配達をしていたので、社会人になっても生活用品の配達や運送の仕事なんかをやっていたよ」（男性、八十代）
「兵隊が好きじゃなかったけれど、結局兵隊に行かされた。つらかったのでよく歌を唄っていたんだが、おとなになっても唄うと落ち着くので、会社員になってからも歌を続け、カラオケが今でも好きだな。昔の歌はよかった」（男性、九十代）
「家は農家だったし、食べることは何とかできたので結局、家を継いで農家をやった。リンゴ園や山仕事、何でもやったな。生きるためには何でもやらなけりゃ生きられなかったしな。今でも

何でもやれるよ」（男性、八十代）

　こうした話の一方、さまざまな夢や憧れの中で生きてきた人もいた。

「田舎に住んでいたけど、少女歌劇団が年に一回村にやって来て、スッカリ憧れて、家出して参加したかったほど。とめられてやれなかったけれど今も舞台に立って歌ったり踊ったりするのは大好き。電気会社の下請けで働いていたけれど現代舞踊を二十年余りやっている」（女性、八十代）

「海の近くに住んでいたので、海に憧れ、外国へ行きたかった。行くならフランスへと思って、将来はコックになってフランス料理を作りたかった。学校ではヨット部に入り、インターハイにも参加したよ」（男性、七十代）

「姉が若くして亡くなって、どうしても看護師になりたいと思っていた。結局なれなかったけれど、人の世話がするのが好き」（女性、八十代）

「子どもの頃から男まさりの女の子で、よく遊んでいて、将来は体操の先生になりたかった。山登りやスキーはずっと続けてきて、今も早朝体操の会に入ったり、毎日散歩は欠かさず続けている」（女性、七十代）

「幼稚園に素敵な先生がいて、可愛がってもらったので幼稚園の先生に憧れていた。

　結局、歯科衛生士になったけれど、子どもと接する毎日は楽しかった」（女性、七十代）

「子どもの頃、体が弱くて小児ゼンソクで苦しんだので強い人に憧れた。空手や柔道の選手になりたかった。また、機械を修理するのも好きだったので、自動車会社に入った」（男性、六十代）

　こうして長生会の方々の話を聴いていると、子ども時代から社会人、そして高齢者になるまでの人生がトータルに見えてくるような気がしてくる。

そして、誰もが子ども時代の体験を大切にしながら生き抜いてきたこともわかる。

そう考えると高齢者一人ひとりの人生体験はものすごく大切な「人生モデル」ではないかという気持ちになってくる。

こうした人生一つ一つが、子どもたちや若者たちにとって大切なテキストのようにも思えてくる。

そして、高齢者は聴く力も持っている。

子どもや若者の話を聴きながら、自分の体験を話す力も持っている。

いつか、高齢者と地域の子どもたちが話し合える機会が自由にできるようになるといいなァと思えてきた。

厳しい時代だからこそ、高齢者と子どもが交流する地域社会が必要だと痛感している。

14

「暮らしの現場」からの再出発

学ぶことと生きること

あわただしい年の瀬の日々が過ぎると二〇一八年。新しい年を迎えた一月の半ば。ぼくは横浜で沖縄大学の卒業生、須田大輔君と会っていた。市民による学びと交流の集いとして発足した「泰山塾」も既に二年目を迎え、これからの方向性について語り合うことにしていたのである。

須田君は現在は東京で肉体労働に従事しておりガッシリした体格で現われ、待ち合わせた関内駅の改札口で力強い握手をした。

中華街や寿町には行ったことがないというので、その二つを案内し、中華街で食事をとりつつ話し込んだ。

須田君は千葉県の出身、中学を卒業すると北海道にある「北星余市高校」に進み、大学は修学旅行で訪ねた沖縄大学に入学。

ここでぼくは須田君と出会っている。

学科は異なっていたが、目立つ存在であった須田君のことは、ぼくもよく知っていた。

二〇一六年二月、ぼくは沖縄大学をやめ、横浜に戻ることになったのだが、沖縄から本土に就職した卒業生たちとの交流の場「沖縄大学横浜分校」を作りたいと思い卒業生たちに声をかけていたのだが、最も早く反応してくれたのが須田君であった。

都会での生活になじめず苦労している沖縄出身者のための交流の場、学びの場をつくるという発想で、毎月一回の開催を目指して準備会がすぐに始まった。

当初考えていた大学の分校という名称は、さまざまな事情のため使用できなくなったので「泰山塾」としたのだが、二〇一六年五月には横浜市立大学を会場に第一回が開かれた。

テーマは「現代における学びとは何か―学ぶことと生きること」で、北星余市高校の安河内敏校長とぼくの対談となった。

この日の内容は神奈川新聞に「地域に文化と教育の拠点を」というタイトルで報道された。

それ以後、毎月行われてきた泰山塾では、参加者の一人ひとりが、自分の人生をふり返り、考えてきたことを中心に報告し討論するという形で進められてきた。

かつて教員だった参加者からは自らの教員生活をふり返り、子どもたちが共に学び合い支え合うインクルーシブ教育が大切だったと語られ、不登校を体験した若者からは、世間体という社会関係のあり方への疑問が出された。また、沖縄大学に学んだ卒業生からは、沖縄の歴史や現在の状況について、また奄美大島出身の方からは奄美の文化や暮らしぶりと、本土へ来てからの生活の厳しさの報告なども行われた。

さらに、児童福祉の現場報告、ＰＴＡの活動報告、公民館運動の実践なども行われた。

そして、国立民族学博物館の職員で研究誌の編集者でもあった木村滋さんからは「日本近現代史」についての報告などもあり、充実した内容だったのだが、その前後に参加者全員の近況報告をしてもらっていたのだが、この内容にも考えさせられたり、共感することが多く、毎回たくさんの課題を受けとめることになった。

こうした状況の中から、戦後、鎌倉のお寺を会場に行われていた「鎌倉アカデミア」の伝統を受け継ぎ、それぞれが抱えている課題を共有しつつ、その中でどう生きていくかという視点での相互学習の場として「横浜アカデミア」に改称したらどうかという案も出てきたのであった。

何よりも一人ひとりの思いや課題を出し合い、それを共有し語り合い考え合うという基本を大切にした学びと交流の場を今後も継続していくことは明確になった。

その日は、寿町にある寿生活館に須田君を案内し、学童保育の場にも同行したのだが、そこで出会った山野井聖一さん、石井淳二さんと、やって来ている子どもたちの姿に心を動かされたようだった。

山野井さんと石井さんのコンビは、寿地区の子どもたちに寄り添い、もう三十年ほどこの学童保育と関わり続けてくれている。

かつて通って来ていた子どもたちが、今では親となり、子どもを学童保育に託している状況にもなっている。

寿町という日雇労働者の街と子どもたちを見続けてきたお二人の存在は、この街の歴史と文化をシッカリと見据えつつ、これからの寿町をも見つめているると感じた。

「また来させていただきます！」と挨拶している須田君の姿に、かつてこの地域の改革に情熱を傾けていた男たちの姿がぼくにはダブって見え、目頭が熱くなった。

夕暮れの関内駅で須田君と別れる時、須田君はこんなことを言った。

「プロレスラーのジャイアント馬場の付き人を長年つとめた人が、馬場が亡くなった後に言った言葉が妙に心に残ってるんです。

それは、自分は、人間にとって最も確実なことは二つあると思っている。

その一つは人間は死ぬということ。

もう一つは、人間が何かを判断する時の基準は好きか嫌いかだということ」

人間にとって確実なことの内、死ぬということは納得できる。人は誰でも一度は死なねばならない。いくら強い馬場選手もいつかは死んでしまう。いわば人間にとって一つの宿命のようなものだ。

もう一つの、何かやる時の判断基準または決定的な決め手は「好き嫌いだ」というのだ。

馬場選手の付き人を最後までやった理由はただ一つ、馬場選手が好きだったということだというのだ。

泰山塾という市民による学びと交流の集いがもっている雰囲気と可能性について、須田君の思いを伝えてくれたのだとぼくは思った。

次の日、沖縄から電話があった。

ぼくと一緒に沖縄大学のこども文化学科の教員をしていた高江洲頼子先生からであった。「実は、稲葉耶季さんが一月十四日に亡くなられました。稲葉さんとは親しいご関係と思いましたのでご連絡しました」

稲葉さんは各地の地方裁判所の判事を経て、一九九三年に那覇地方裁判所の判事を務め、一九九九年からは琉球大学の教授をされてきた方である。ぼくは二〇〇二年から沖縄大学に赴任したので親しくさせていただいたのだが、現職を退職した後の人生もユニークであった。二〇一三年に臨済宗の僧侶になり、インドのラジギールで修行し、二〇一五年からは、インド・ナグプール仏教大学設立にも関っていたのである。

そして、二〇一五年には『食べない、死なない、争わない』(マキノ出版)というユニークな本も出版している。

五か月間にわたって水だけで生活するという不食体験もしている稲葉さんは「死はふるさとに帰るうれしいイベント」と書いているが、高江洲さんからの電話で、稲葉さんが静かに帰っていかれたのだと感じた。

つき合いたくない人とはつき合わない

稲葉耶季さんは一九四二年に東京で生まれている。東京の渋谷駅の近くにある「東京山手教会」、この教会は戦後間もなく稲葉さんの父親が創立している。

しかもその後五十年にわたって稲葉さんの父親が正牧師を務め、母親が副牧師を務めるという家庭環境であった。

したがって、稲葉さんも子どもの頃に洗礼を受けている。

稲葉さんには三人の姉と二人の兄がいるが、みな優秀な子どもたちであった。

稲葉さんも東京大学で学び、司法試験に合格して裁判官になっている。

静岡、名古屋、群馬等各地の裁判所に勤務した後、沖縄地方裁判所の判事になっている。この時、沖縄を歩き、またその歴史と文化に触れ合う中で沖縄の風土に心惹かれ、沖縄に住むことを決意する。

こうして一九九九年に琉球大学の法科大学院の教授に就任する。

この間に、世界各地を廻り、特にインド、チベット、ネパール、ブータンなどの仏教国へも出かけ、仏教に深く共鳴していく。

またこの頃、自分の内面と深く向き合う瞑想にも関心を持ち、沖縄県内だけでなく各地で瞑想会も行っている。

中でもヒマラヤに惹かれ、ウッタールアンチャル州のガネーシュプールという村に、現地の子どもたちのための小・中学校を作っている。この学校には「ヒマラヤ稲葉学校」という名称がつけられ、現在も続いている。

こうして稲葉さんの人生を見ていると、キリスト教から出発した稲葉さんが徐々に仏教の世界観に惹かれていった様子が伺われる。

そしてハッキリと生き方が決まったと思われるのが臨済宗の僧侶になったという人生上の大き

な転換である。

この大転換の背景には、たった一人の娘さんを失ったことがあると伺っていたが、稲葉さんは仏教の世界で生きることを決断したのだと思う。

「死」というのは誰にでも訪れる確実な現実である。年が若くても、あるいは誰一人の例外もなく「死」はやってくるもの。

その死の現実を受け入れざるを得ないとわかった時、どのように納得していくのか。

この課題に対して稲葉さんはこのように書いている。

「多くの人にとって〈死〉は恐ろしいものでしょう。しかし、その思いは仏教との出合いを境に、さまざまな経験を通じて、しだいに安らかなものに変っていきました。……

それどころか心待ちにしたいほど楽しいイベントであることがわかるようになりました。

なぜかというと、私たちの体が死んでも〈本質・魂〉は死ぬことはなく、ふるさとの地に帰り、やがてまた次の生を生きると確信できたからです」（『食べない、死なない、争わない』77頁）

この確信、つまり「死後の世界」や「輪廻転生」を学ぶために稲葉さんは、ロバート・モンローが開発した「ヘミシンク」という技術も体験している。

ヘミシンクとは、左右の耳で異なる特定の周波数の音響を聞くことで、意識を変容させ、人間意識の探求ができる技術。

モンローは、体外離脱を意図的に起こすことにも成功し、離脱中の血圧、心拍数、脳波、心電図などのデーターをとりながら分析もしているという。

稲葉さんは、二〇〇八年以降、アメリカのモンロー研究所や日本でのへミシンクのセミナーを何度も受け、体はそのままで意識を飛ばす多種多様な体験もしている。

その結果、死は肉体に起こることで、本質には「死」はないと確信したというのである。

そして稲葉さんが最も言いたかったことは「争わない」「殺さない」生き方だったと思われる。

仏教には「花は花以外のものでできている」という言葉がある。

例えば一輪の花を見ると、その九割は水分でできている。その水分はもともとは地下水が湧き出して川になり、蒸発して雲になり、雨になって地上に降り、土に浸みこんだもの。

したがってたくさんのもののエネルギーを含んでいる。水以外にも土には酸素、水素、炭素、カリウムなど無数の物質が含まれている。花はこれらを得るために、土や落ち葉の養分、太陽の光、風、種を運ぶ鳥や虫など、たくさんのものの力が必要となる。

花と同じで、人間も自分以外のさまざまな力やエネルギーによって生きることができる存在である。食べものや、周囲の人々の影響の中で生きているのが現実。

ぼくら一人ひとりが、他の生きものの命や水や空気、光のエネルギーをもらって、始めて生きていかれる存在。

つまり、存在する全てが自分ということすら言える。

そうした関係の中で他の人、他の存在を攻撃することは、結局は自分を攻撃し破壊することになってしまうと仏教は教えている。

稲葉さんは、人々が全体として幸せに生き続けられる仕組みが必要だと考え続けていた。

そして結局は「自分が属している地域の中で成り立っていく経済、暮らせる仕組み」を作ることだと考えるようになっていた。

「安心して暮らすには、最低でも自給率１００％にしたいところです。武器を持つよりも、農業にしっかり力を入れていくことが、真の国力を高めることになるのではないでしょうか」（前掲書１５５頁）

稲葉さんは、ぼくより一歳若い七十五歳で亡くなられた。

しかし、稲葉さんはたくさんの言葉と生き方を残されていった。

その中の一つに「いまを生きる16のヒント」があり、そこに「つき合いたくない人とはつき合わない」という一節がある。

「会いたくない人がいたら、それなりに理由があるはず。出席したくない会合には、出席するとエネルギーが落ちる事情があります。

行きたくない場所には、何か行くべきでない理由があります。つきあいたくない人とは、つきあうべきでない事情があるのです」（前掲書１６４頁）

生きていく上では、複数の選択肢の間で迷うことがある。

そんな時は、自分の心の奥底から湧き出してくる「いのちの声」を受けとめることが大切だと稲葉さんは言われたのだと思う。

須田君が伝えてくれた「死ぬこと」と「好き嫌いによって生きる」という人間の課題が、稲葉さんが残された文章の中からより明確になったような気がする。

稲葉さんは亡くなられ、直接お会いすることはできないが、その魂は生き続けていると感じるし、出会えてよかったという感覚はシッカリとぼくの中にあると感じている。

いのちとの対話

横浜市立大学を会場にして行われている泰山塾に、しばらく前から二十四歳の青年、日下部洋介君が参加している。

川崎にある「ブリュッケ」という若者の就労支援のための居場所があるのだが、そこに見学に行ったことがキッカケでこの場と関わることになった。

晴美が自宅でヨガ教室をやっているので、その話をしたところ、若者たちにもやってほしいと言うことになり、月に一度「ブリュッケ」でヨガ教室を開いている。

日下部君はそこに通っていた青年である。

日下部君は小学校時代から青年期までの十二年間、ずっと不登校で家にとじこもっていたのだという。

複雑な家庭の事情もあり、自分の気持を表現することもないままであったが勧められて川崎にある若者たちの居場所「たまり場」や「ブリュッケ」に通うようになった青年である。

その青年が、少しずつぼくらと出会って行動を起こすようになり、寿町へ行ったり、長野県の共働学舎へ行ったりするようになった。

そしてぼくの家にもやってくるようになり、泰山塾へも参加するようになってきた。

その日下部君が、稲葉さんが亡くなったと連絡を受けた日にわが家でやっているヨガ教室にやって来たのであった。

年上の女性たちとぼくらの間に入ってヨガをした後、お茶を呑みユックリ話したのだが、何と「当事者研究」のグループにも入り、北海道の「べてるの家」の向谷地生良さんたちの研究会にも参加しており、東京大学で行われている「当事者研究」にも通っているというのだ。

向谷地生良さんは一九五五年生まれ。現在は北海道医療大学の教授をされているが『「べてるの家」から吹く風』（いのちのことば社）や『統合失調症を持つ人への援助論』（金剛出版）、『精神医学と当事者』（東京大学出版会）などの著作でも知られるソーシャルワーカーでもある。

日下部君はある講演会で向谷地さんの話を聞き、終了後に声をかけたところ、「当事者研究」の集まりに来るように誘われ、それから東大での講座に参加しているのだという。

今年の一月に行われた当事者研究の集まりで配布された向谷地さんの「いまここからはじまる当事者研究」（当事者研究の到達点）という小さなパンフレットも見せてもらった。

そこにはこのような文章が書かれていた。

「当事者研究のはじまり

• 見えるもの、感じるもの、味わっていること、触れているもの、聴こえるもの、考えていること、戸惑っていること、日常の中で体験したこと…

• 過去と現在の無数の出来事の一端を自由に切り取って〈研究〉というテーブルに乗せて眺め

てみる。
・それを恐る恐るでも仲間に語ってみる。
・そのようにして、自分を開く経験を重ねる中で、新しい自分が立ち上ってくる。
・過去の体験が、違う風景で見えてくる」
「当事者研究とは
・当事者研究は、統合失調症などを持つ人たちの日常生活を素材に研究する中から生まれた〝知〟を創出する自助（自分を助ける、励ます、活かす）に向けた実践的な研究活動としてはじまった。
・研究対象は、常に自分（人間）の生活体験や出来事、さらには他者との共通の関心事や事象（現象）である。
・当事者研究は、仲間や他の先行研究を活用しながら、仲間と共に自由自在な方法で研究的対話を重ね、出来事や現象の持つ意味や可能性、パターーン等を見極めて、自分らしい発想で新たな〝自分の助け方〟や理解を見出すプロセスとして展開される」

読んでいくと、日常の生活そのものを素材として、仲間と共に考え、話し合っていくという一つの生き方のようにも思われてくる。

一人ひとりが自分の現在の状況やこれまでの生活史を見つめ、その中から気になっていることを話してみる。そして聞いている人が自分の生活の中で感じたことを言葉にして返していく。そうした何重もの対話の中から何かが見えてくる。

かつて日本の村落でも行われていた自由な話し合い（放し合い）の原型がこの当事者研究の中に活かされている気がする。

そして、このような「展開」には心惹かれる。

「当事者研究が大切にしていることは、誰もが〈自分の苦労の主人公〉になり、互いに知恵を出し合い、ともに生き合えるつながりと場を創ることです。

• 当事者研究では、どんなに困難な状況にあっても、その場と自分や仲間の経験の中に、困難を解決する〈知恵が眠っている〉と考えます。

• 当事者研究は、それを現実の生活の中に活かすことと、仲間と分ち合うことを大切にしています。

• 当事者研究は、人を自己・他者・世界との生命的なつながりと自己表現の欲求をもった存在であると考えます。

• 当事者研究は、常に〈もし、自分がその人の立場だったら〉と共感と連帯を大切にしてすすめられます」

この集まりに参加している人は、自分の思いを今まで表現できず苦しんできた人たちで、自分の「弱さ」や「苦しみ」を出し合い、その経験を宝として、共有し発見し直すというのだ。

日下部君も十二年間の引きこもりの生活が、この集まりの中で「自分の中のいのちとの対話をしていた大切な時間だった」と捉え直すことができたという。

　ぼくは「泰山塾」がやってきたことも、この流れと似ているなァと感じるし、ぼくの住んでいる田谷の地で、老人クラブ「長生会」の方々と紡いでいる互いの人生史を語り合う試みも、同じ発想なのではないかと感じている。

　一昨年から復刊した、長生会の会報「笑顔・楽しく」が十二号まで発刊されたので、今年の定期総会までに合本にして一冊にまとめ、全会員に配ることにし、今編集作業をしているのだが、あらためて一人ひとりの方々の人生は宝だなァと感じている。

　失敗や行き詰まった苦しい体験も、そこには未来へつながる大切な資源が一杯につまっている。さまざまな体験を持った人が生きている「地域」というのは、多様な体験と知恵の集まった大切な「暮らしの現場」であり、ぼくらは、この現場から学ばなければならないのだと感じる。

　現実の暮らしから学ぶこと、そのことをぼくらは近代化の中で忘れてきてしまったのではないだろうか。

　一人ひとりの体験を共有し、その中から未来へつなげる暮らしを創り出していくこと。

　まさに「地域という現場」「暮らしという現場」からぼくらは、次への展望を創っていかなければならない。ぼくは今、もう一度、この大地と暮らしの中により深く足を踏み入れ、いのちの声を受けとめつつ生きることにしたいと心に決めている。

エピローグ

ぼくが始めて本を出版したのは一九七〇年のことであった。

一人ひとりの生命力を基に、自主管理が可能な新らしい共同体の創出を求めてまとめた『不可視のコミューン』（社会評論社）がそれである。以来、同年代である松田健二さんに支えられ、人生の節目に出版の機会を与えていただいた。

中でも『生きる場からの発想―民衆史への回路』（社会評論社、二〇〇一年）は、ぼくにとって忘れられない著作である。

他者と響き合いつつ、一人ひとりの生の軌跡と向き合い交流していくという暮らしの原型がこの頃、ぼくには見え始めていたのだと思う。この時期は、ぼくが横浜を離れ沖縄へ行く時にあたっていた。

沖縄での十四年余りの暮らしの中で、ぼくは沖縄にアジアにおける「コミューンの原型」を確かに見つけたような気がする。

暮らしの中から、自らを開き確かな共生のつながりを深めていく生き方は、巨大な集団、国家になると崩壊していく。

かつての血縁、地縁の中で形成されてきた共同体と、その後の近代社会の中で形成された企業を中心とした社縁共同体も、そのつながりが弱まり崩壊している。

そうした状況の中で、地域の自然環境と融け合うような形で、つながり合う確かな関係が、「地域型」と「テーマ型」という類型だけではとらえきれない質を伴って、いま生まれ出ようとしているようにぼくには思える。

「不可視のコミューン」から五〇年、今確かな手応えとして「可視のコミューン」実現への小さな旅が始まるような気がしている。

今回も松田健二さんに支えていただき、このような形で本書が出ることに心から感謝している。また、心のこもった編集をしていただいた板垣誠一郎さんありがとうございます。

ぜひ本書を読まれた感想などお寄せ下さい。

ではいのちあらばまた他日。


本書は雑誌『公評』（公評社刊）二〇一六年十二月号から二〇一八年三月号にかけて掲載された「暮らしのノート第二部」に加筆したものです。

著者紹介

野本　三吉（のもと　さんきち）

本名　加藤彰彦。1941 年東京出身。横浜国立大学教育学部卒業後、小学校教員を経て横浜市民生局寿生活館職員、児童相談所のケースワーカーをつとめ、1991 年より横浜市立大学教授、2002 年沖縄大学教授、2010 年に沖縄大学学長を歴任。現在、同大学名誉教授。田谷長生会（老人クラブ）会長。

子どもが安心して育つ社会と時代をつくることをテーマに、多様な視点からの〈子ども研究〉をライフワークとしている。

著書『生きる場からの発想』『生きること、それがぼくの仕事』（社会評論社）『海と島の思想』『〈繋がる力〉の手渡し方』（現代書館）『希望をつくる島・沖縄』『野本三吉ノンフィクション選集（全６巻）』（新宿書房）『子どもとつくる地域づくり』（学苑社）ほか

SQ 選書 15

まちに暮らしの種子《たね》を蒔く

いま、この時代を生き抜くために

2018 年 11 月 15 日初版第1刷発行

著／野本三吉

装丁／中野多恵子

発行者／松田健二

発行所／株式会社　社会評論社

〒 113-0033　東京都文京区本郷 2-3-10　お茶の水ビル

電話　03（3814）3861　FAX　03（3818）2808

印刷製本／倉敷印刷株式会社

社会評論社最新情報はコチラ　http://shahyo.sakura.ne.jp/wp/